妖怪玩物誌

葉怡君——著

遠流

百鬼夜行、鬼、酒呑童子、叢原火、鵺、大天狗愛宕山太郎坊、般若、
大天狗鞍馬僧正坊、羅城門琵琶、牡丹燈籠（阿露）、丑時參拜女鬼、
伏見稻荷大社、晴明神社、神泉苑、土蜘蛛塚、宇治橋姬
恐山
青森
人魚、雪女、河童
小豆洗、河童
狐狸娶親
鬼、小豆洗
秋田
岩手
天狗、座敷童子
皿屋敷、遠野河童
河童
大天狗飯綱三郎
小豆洗
皿屋敷
人魚、鬼
山形
宮城
皿屋敷、小豆洗
河童
新潟
福島
天狗、小豆洗
石川
富山
群馬
栃木
九尾狐
福井
長野
天井嘗、文福茶釜
埼玉
茨城
岐阜
山梨
東京
滋賀
愛知
靜岡
神奈川
千葉
奈良
三重
二口女
累之淵（阿累）
晴明橋、河童、天狗
天狗
天狗
大天狗大山伯耆坊
青坊主、天狗
平將門首塚
於荷稻岩田宮神社（阿岩）
河童寺、雪女
牡丹燈籠（阿露）
番町皿屋敷（阿菊）
鐵鼠
大天狗比良山次郎坊
沖繩
唧唧小豬
元興寺之鬼
井上皇后・他戶太子
大天狗大峰山前鬼坊

日本全國妖怪地圖

款冬葉之神
河童
播州皿屋敷（阿菊）
姬路城・阿菊之井、
阿菊神社
北海道
境港市（水木茂）
皿屋敷、海女房
八岐大蛇之穴
小豆洗
河童地藏
大天狗彥山豐前坊
無耳芳一
稻生物怪錄
鳥取
島根
河伯
兵庫
岡山
廣島
山口
大
福岡
香川
佐賀
愛媛
河童九千坊
德島
長崎
高知
和歌山
大分
熊本
油燈怪
河童渡來之碑
宮崎
烏天狗
鹿兒島
姑獲鳥
狸合戰
海坊主、河童、天狗
一反木棉
皿屋敷
貓又、牛鬼、桃太郎神社
崇德天皇白峰陵
大天狗白峰山相模坊
葛葉稻荷神社
姥火
安倍晴明神社

【推薦序】

可愛的妖怪世界

茂呂美耶

看完本書底稿，我第一個反應是：這位作者好厲害！不但收藏了這麼多食玩，而且對每一類食玩的歷史背景具有正確知識。例如這本聚集日本妖怪食玩的書，自平安時代妖怪史寫到現代，還穿插中國妖怪典故，以及本土台南林投姊故事，令人讀得津津有味，精心配上的圖片，更是賞心悅目。

第二個反應是：若有機會，我想拜託作者給我看看她收藏的這些食玩。對於食玩，我也很熟悉，因我家兩個孩子小時候曾經收藏過，每次買糖果或巧克力，目的都不是想吃那包糖果或巧克力，而是附贈的食玩。當然那時代的食玩沒目前這麼精緻，卻也讓孩子們收藏得不亦樂乎。

扭蛋上市當時，我也曾玩過一陣子，因事前無法預知掉下來的扭蛋裡面是啥玩意兒，有點刺激也有點新奇。現在日本的便利商店，幾乎每家都把這種食玩擺在最顯目的櫃檯，我都只是看看而已，不買。家裡光放書就嫌地方不夠了，哪有餘地擺這些精緻玩

具呢。不過這幾套妖怪食玩，真的令我也想收藏。

作者在書中提到她很喜歡鬼故事，我也很喜歡鬼故事或描述超自然現象之類的書，以及怪談。但我似乎不是特殊體質，除了高中時代有過鬼壓床經驗（當然不是真的被鬼魂壓住），至今為止從未與另類世界接觸過。但這並非表示我不怕鬼，也並非表示我不相信妖怪的存在。我認為，那只是我們看不見而已，絕非不存在。

高中時代，我有個朋友是陰陽眼，每次他來我家玩，都會說「今晚特別多」，或「今晚不怎麼多」，有時還說「妳家公寓樓下樓梯口站著個抱著孩子的女幽靈」。我每次都聽得毛骨悚然，有時還跟一大堆朋友特地跑到樓下去「探險」，只是看不見的人就是看不見。當年，因我是從台灣回國的「歸國子女」，又是混血兒，在學校很有人氣，家中經常聚集一大堆不同年級、班級的朋友。只是，有陰陽眼的，就他一人而已。雖眾人都看不見，卻沒人懷疑他的陰陽眼能力，畢竟他個性不是那種會說謊的人。

又，高中時代，女生們之間流傳一種說法：在半夜十二點整，把所有燈都關掉，再點蠟燭照鏡子，鏡子中會出現未來的丈夫臉孔。這說法在我們學校流行得很厲害，卻沒人真正試過（至少在我朋友之間）。我當然也不敢試。不知是不是當年這學校怪談給我印象很深，直至目前，我還是對鏡子懷有一種莫名的恐懼。

說起來，日本的妖怪並不可怕，甚至可跟「寵物」同列。因日本是神道思想，認為萬物都有「靈」，一株古樹可以是「神」，也可以是「妖」；一塊岩石可以是「精」，也可以是「怪」。甚至連語言都有「言靈」，表示一旦說出口或寫成文字，那「事項」便具有自己的生命，會自己往「目的地」前進。也因此，日本是「八百萬神」國，更是「八百萬妖」國。而妖怪，簡單說來，正是「沒當上神」的落伍神。一般說來，日本的神，不會插手管人間俗事，眾神專司大自然現象，而且沒有形狀，但這些「沒當上神」的妖怪，不但具有各式各樣外型，也很喜歡跟人類黏在一起，喜怒哀樂都跟人類相同。

山中有天狗、送狼（跟在人背後直至下山），河邊有河童、小豆洗，海中有海和尚、幽靈船，村落有姑獲鳥（懷孕中或生產時過世的女性，下半身沾滿血跡，抱著嬰兒要過路人抱一下嬰兒）、雪女，家中有座敷童子、付喪神，街上有百鬼夜行，神社寺院有式神、護法童子……等等等，族繁不及備載。

雖說往昔便有記載妖怪的古籍，但直至江戶時代妖怪學才真正興盛起來，起因在浮世繪家鳥山石燕畫的「畫圖百鬼夜行」，他把至今為止只有文字描述的眾妖怪，全賦予外型並分類，也就是說，給妖怪注入生命。文學作品方面則有《雨月物語》作者上田秋成、《南總里見八犬傳》作者瀧澤馬琴、國學者平田篤胤（1776~1843）等人。

戰前的妖怪作家是小泉八雲、泉鏡花、芥川龍之介，民俗學者方面有南方熊楠、柳田國男，畫家是河鍋曉齋（號稱「日本最後一位妖怪畫家」），其他還有妖怪博士井上圓了、歷史學者喜田貞吉。戰後的妖怪漫畫家就非水木茂莫屬了，作家則是京極夏彥、宮部美幸、荒俣宏等人。只是，我做夢也沒想到，台灣竟會出現個妖怪御宅族——葉怡君，而且是女生！太佩服了。

總之，我非常推薦這本書，無論內容或編輯，都很讚！

【本文作者簡介】
茂呂美耶，日本埼玉縣人，生於台灣高雄市。因想在中文與日文圈之間架一座橋，而翻譯、寫作。在網路上的暱稱是「Miya」，談日本文化就像話家常般的親切自然。著有《物語日本》、《江戶日本》、《平安日本》，譯有《半七捕物帳》、《陰陽師》系列等十餘種。

河鍋曉齋繪。

目錄

點燈：櫥子裡的妖怪

葉怡君

小的時候，我相信櫥子裡有妖怪。

每開衣櫥之前，必先「嚇！」一聲的叫，然後才撐開空隙，翻出想拿取的衣物。沒有誰教導、沒有長輩發現，也不是看了什麼《獅子・女巫・魔法櫥》之類（當時這書在台灣還沒個影子），這是一種小孩子面對蠢蠢欲動世界的儀式，也是打招呼的方式。

相信它們有法力，孩子都害怕未知、有力量的東西。不過大部分時間，它們就像無聲無息的好鄰居，朝夕相處、平安無害。

跟學校同學不同的，是偶爾沒關好的櫥門，鬼鬼祟祟露出一條黑色隙縫，像異界睜開的眼眸，窺視著來往的家人，唯有我時而停步，與黑暗長久對望著。

會認為衣櫥裡有妖怪，或許是因為小叮噹，也是從抽屜裡蹦出來的。另一個可能，是當時著迷於《聊齋誌異》，無論上餐桌或進浴室，都帶著這本半白半文的六〇〇頁小

妖怪之門，開啓了百物語的奇想世界。狩野宴信「百鬼夜行圖卷」。

說，小生被狐精迷了，我也被書妖魘住了。哪一頁有折痕缺角、滷肉汁香、或是不慎滴了水漬，莫不瞭若指掌，比校園裡遊樂設施的位置還清楚。

那時候，家住在衛生署立台南醫院附近，現在新光三越百貨的對面，雖說是市中心精華商業區，小城的黑夜比白日更多孤寂，只有間行的車輛，呼嘯在奔回家的路途上。

雖然平常老誇口敢「向天公借膽」，但我的罩門，就是不願意半夜上頂樓去。若須撿拾白天遺落的東西，或須照顧飼養的狗兒，一但避無可避，總是磨磨蹭蹭、東拉西扯，要不拖著家人、要不牽延時間，就是拒絕獨自上樓梯。如果真的不得已，就只好電快的閃上去，又飛跑著衝下樓，跟泥鰍一樣迅捷。

因為，夜半的頂樓，看得見台南醫院附設靈堂的燭火，聽得到亡者家屬哀怨悲切的哭聲。那時簡易靈堂搭在隱密的小樹林中，一般人不會留意，但我家住在鄰近，當然知悉。每次到了樓上，天邊冷月寒星，暗夜蕭索清寂，一陣分不清方向的風冰冰地吹來，「噫噫噫……噫噫噫……」的嗚咽聲，哽哽塞塞、斷斷續續、似遠似近的飄散過來，就好像鬼魂往脖子裡吹涼氣，讓人寒毛直豎。

如果大膽向醫院的樹叢瞧，會看見靈堂點燃的燭火，在風中幽幽然明滅著，就像亡者已逝的生命之火，掙扎過後，終歸就要熄滅了。暑熱蒸散後的夏天，棺材常放在外側樹蔭下，目光不想瞧，都不能不見。

對一個未曾經歷生死之痛的小孩來說，這些就是最魂飛魄散的經驗了。無怪乎每次我都像馬蜂追趕似的快去快回，末了還要到廚房去喝水壓壓驚。

雖然是這麼怕鬼，但我又愛看鬼故事。就像中研院學者林富士說的：

「我們大多平凡庸俗，生活單調乏味，日子幾乎一成不變，因此，永遠會對『非凡』之人有所憧憬，對於『異常』之物有所覬覦，對於『妖怪』的世界有所幻想。」[1]

當《聊齋》無法滿足對鬼怪的想像，我轉向最知名的神話小說《西遊記》。第一本西遊是從老書櫃邊角挖出來，文言文配上木刻版畫，年代久遠、字小如蟻、紙薄且軟，不但沒有封面，還缺了最後兩頁，但是千變萬化的情節，讓眾生顛倒，我跟著遊歷天界龍宮西域……浸泡發酵得更加深入。

註一：林富士（2005）：〈魅的馴服與迷惑〉，出自《陰陽師千年特集》頁34，台北：繆思出版。

——《西遊記》中以孫悟空最出名，但若沒了大小群妖，可也要黯然失色。河鍋曉齋繪。

這時國語課本還在上「國父的童年」，許多冷字僻字怪字，我這小學生似懂非懂，典故更是一知半解，每當作者吳承恩（1500~1582）大掉書袋、連篇古詩駢體，我就自動跳行——譬如描寫黃風大王：

「冷冷颼颼天地變，無影無蹤黃沙旋。穿林折嶺倒松梅，播土揚塵崩嶺坫……（中略四十二句七言古詩）……呼喇喇，乾坤險不炸崩開，萬里江山都是顫！」

許多人小的時候都看過《西遊記》，就我個人來說，印象比較深刻的有：黑風怪、白骨精、黃袍怪、金角銀角大王、九尾狐狸、聖嬰大王、虎力鹿力羊力大仙、金魚怪、兕怪、琵琶精、六耳獼猴、鐵扇公主、牛魔王、黃眉老佛、賽太歲、七蜘蛛精、百眼魔君、大鵬金翅鵰、金鼻白毛老鼠精、辟塵大王、玉兔精……等等，別責怪我耽溺的細數，只因美好的最是竹馬青梅。

真佩服吳承恩歸納式的想像力，這些鬼怪各有個性、專長、特色和來歷，加上不計其數的跑龍套小妖，活脫脫是一幅以怪喻世的人界圖。網路中網友把西遊群妖裡的大鵬金翅雕，評為「戰鬥實力最強的妖怪」；而我自己印象最深刻的，卻是和孫悟空一個模子倒出來的六耳獼猴，那是一個明顯的比喻，暗示人生「最大的敵人是自己」。

小時候就這樣開心的，囫圇吞下唐僧之八十一難，興沖沖的把書帶到學校，卻沒有人感興趣。同學高談昨晚的「小甜甜」，厚厚的古書被翻了幾頁，就孤零零晾在一邊，像長年不得志的作者。

我把書緊緊揑在手裡，非常確信這一〇八回大鬧天宮，絕對比卡通精彩生動，但是人笨口拙，沒辦法讓齊天大聖井底翻身。

西遊群妖的插繪。月岡芳年繪。

後來就不再帶去了，因為書太重；而且那種格格不入的感覺，對小學生一樣也太重了。

每次重讀《西遊記》，都像看京劇的熱鬧武打戲——高蹺拐子、翻滾打鬧、鑼鼓喧天，不是戲不深刻，端視看官能不能看進骨子裡。想起吳承恩因為寫書，耽誤了八股文章，屢試不第，他曾表示：「因自竊笑，非餘求怪，蓋怪求餘也！」——不是我去找妖怪，是妖怪來找我的！所以奔放遏抑、不可不寫。即使貧老以終，相信他再一次，還是會選擇在書中復活吧。

後來我又愛上神話《山海經》，它是迷信與理性思緒的集大成，也是亙久歷史的傳說變體。如果說，《聊齋》是淌人熱淚的才子佳狐、《西遊記》是鈸磬齊響的喜感武打，那麼東周時代的《山海經》就是展卷舒讀、大山大海的地理圖誌了。

來者不孤，我最愛的古代詩人陶淵明，也很喜歡《山海經》，並曾經賦詩十三首以詠之：

孟夏草木長，繞屋樹扶疏。眾鳥欣有托，吾亦愛吾廬。
既耕亦已種，時還讀我書。窮巷隔深轍，頗回故人車。
歡言酌春酒，摘我園中蔬。微雨從東來，好風與之俱。
泛覽周王傳，流觀山海圖。俯仰終宇宙，不樂復何如。

——陶淵明《讀山海經》之一

或許是受了《山海經》、《楚辭》、六朝志怪、唐代傳奇、宋元話本、明清小說等等的古典文學影響，我將「妖怪」看成先於人類的存在本體，是廣大博物的一員，是未知、未明、未現的化物，可以研究分析、探討共處，也是宇宙不可或缺的群體。

說起來，小時候怕鬼怕得緊，只覺得人可怕、死人變的鬼也可怕，而對妖怪卻毫不在意，這種想法到現在還難以蛻除。

因為「鬼」是「幽靈」。是人死後有著怨恨或執念，三魂七魄無法歸位，銜恨徘徊、立意復仇的飄盪魂魄。如同《韓詩外傳》所寫：

「人死為鬼。鬼者，歸也。精氣歸於天，肉歸於土，血歸於水，脈歸於澤，聲歸於雷，動則歸於風，眠歸於日月，骨歸於木，筋歸於山，齒歸於石，膏歸於露，髮歸於草。」

最恐怖的不是本體（如果還有本體的話），而是意念。而意念，恰恰正是人最難拔除的。

當時曾經天馬行空的希望，衣櫥裡的妖怪會蹦出來（奇怪我期待的不是白馬王子），一起去探尋美麗的新世界、豐美的迦南地……這種潛意識的逃避與反抗，完全是十足的犬儒，而且只有心動沒有行動，注定要變成一場空夢。到了慘綠的年紀，無論如何不情願，我也不能神隱消失，只好回過頭來順應現實，掌心握住生存的沙，卻漏失了更多寶物。

從那時起，每天打招呼的妖怪老友，漸漸從我的生命中消失了。日本的民俗學之父柳田國男（1875~1962），曾經定義「妖怪是淪落的神明」。而它們又何嘗不是淪落的人類？我們同是天涯淪落人。

妖怪，是廣大博物的一員，是未知、未明、未現的化物。河鍋曉齋繪。

SHI RI CO TAMA
シ リ コ タ マ
CIOORI
キ ウ リ
KAWA
カ ワ
鉄ノ棒
鬼
針之山
化々學校

妖怪學校，自有其學養及生存邏輯。河鍋曉齋繪。

它們明瞭我的改變，並不苛責，而我也自顧不暇，就像是後來的許多老友，即使彼此仍然牽念，卻疏於溝通聯繫，便漸漸變成了浮生水印。這些躲藏在衣櫥裡、蜷縮在光亮下、不被瞭解的異端，就這樣無聲遁去，回到容納一切的黑夜，回到被摒棄的自由自在去。

君子之交淡如水，我們兩兩相忘，一去多年。

前幾年因為工作的關係，我必須常常出差，有時投宿在豪華的五星級，有時只是在煙塵的小旅社，但讓我意外的是，常常會有人主動叮嚀：「記得開鎖前要先敲門、推門後要打招呼，這樣才能通知『它』，我們只是借住一下喔！」

剛開始我沒聽懂，之後卻有如雷電擊遍，潑身大悟——是它們啊！

生存的代價，是背棄過去。背棄那個以前用沉默來叛逆，就算自言自語，也始終堅持獨立視野的我自己。重逢異界老友，有如撿拾漂流的瓶中信，即使人生時而狂風暴雨、時而雨霽天青、時而花開遍地、時而荊棘繚繞……但是花了這麼多年，總算醒悟到——不需要曲從多數的成見，不需要裝飾無謂的粉面，不必要扭轉確認的夢想，不用去捆綁天生的意念……找回了失散多年的自己。

這一本書，算是我多年收藏的野人獻曝、兼讀書筆記。感謝異界妖物給予的啟示，更感謝始終支持我的至親好友（尤其是常被煩的弟弟）、文編曾淑正（本書催生者）、美編Zero、攝影陳輝明、大老闆王榮文，還有素未謀面、卻慷慨賜序的茂呂美耶小姐，在她的書中神遊多年，這次能透過文字結緣，心中有著深深的感謝。謝謝各位容納我的胡思狂想，也希望所有的人，都喜歡這些可愛的鬼怪。

據說萬古久遠以前，人類與妖怪的對峙，是光與闇的鬥爭，光明取得了勝利，也埋葬了黑暗。但是，當人類擎著文明的長槍，睥睨遠古的萬物，以為「黎明的曙光」擊敗了魑魅魍魎時，卻沒發現，自己的心也成了鬼物。

人類最終仍須承認，其實最需要黑夜的，是僅有白晝的靈魂。

獻給這世界及異世界，所有不甘於單一光色強盛主宰的妖物們。

是為序。

妖鬼玩這三個字可說貫串了全書的精神，我的八歲小友鄭靖非，聽說了這件事，特別繪製「妖鬼玩」一圖，慶賀新書出版。我感其盛情，頗喜同好後繼有人，刊出圖畫，以為紀念，希望大家共同分享這份祝福與喜悅。

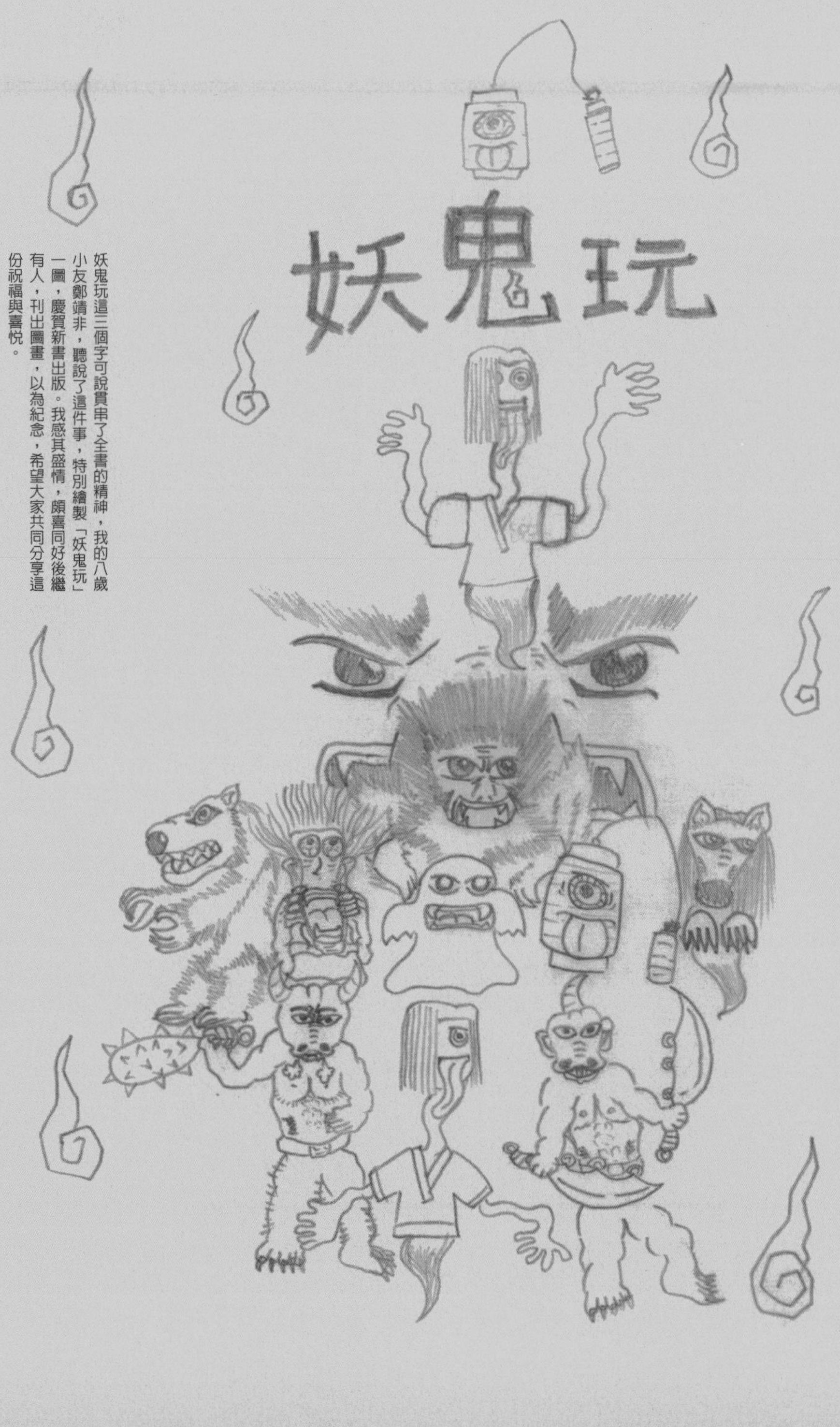

妖怪者，蓋精氣之依物者也。
氣亂於中，物變於外，形神氣質，表裡之用也。
本於五行，通於五事，雖消息升降，化動萬端，
其餘休咎之徵，皆可得域而論也。

——《搜神記，卷六》

河鍋曉齋「幽靈圖」。

日本是當代的妖怪大國。飛臨孕育傳說的東瀛之土，我們彷彿看見，從薄霧中漸漸浮現的怪物形影，從古木洞穴窺見的黃泉之國，在橋上遐想通往的靈界通道，墳場墓碑間忽來忽往的鬼火，昏黃燈光下飄過的薄薄輪廓……千變萬化的妖異剪影，都是風土民情的濃縮意識。

從文學、漫畫、電玩、動畫、電視、電影到玩具，都能看到擬人化、角色化、變形化的日本妖怪，透過研究者與創作者的努力，累積成為豐厚的傳統資產，透過各式各樣的大眾傳播與文化媒介，出現在各國的邦土和人民的心靈地圖上。二〇〇五年，宮崎駿在柏林影展獲得「金熊獎」的「神隱少女」，就是結合了妖怪、傳奇、宗教、娛樂元素，成功跨越國際藩籬的例子。

《左傳》記載：「天反時為炎，地反物為妖。」對人類來說，妖怪是異於神明，不可思議的超自然現象，也是盡

力隔絕的奇異存在。古代，妖怪的出現被視為是一種威脅或凶兆；啟蒙思想興起後，則被視為是愚昧或迷信。然而這種兩極化的看法，並無助於人類與異界的相處。

「妖怪傳說」，可以說是民眾在文化體系下，解釋災厄、處理恐懼的一種心理機制與文化裝置。人們藉此來面對一個氾濫的水潭、突如其來的瘟疫、吞噬生命的山林、不知所以的怪聲、驚慌走避的鬼屋……並在傳說中尋求避開禍患的方法，找到個人與群體的安身立命之道。

儘管現代科技與理性意識支配了世界，但或許妖怪距離我們，並不如想像中遙遠，反而是存放在夢貘的胃袋裡，在黑夜中自由自在的流竄著。

就像對未知的好奇與探索、對幻想的開放與鼓勵，都是人類原初的夢想與恐懼，也是最美麗的秘密花園。

日本四大妖怪

日本地方意識濃厚、地域傳說興盛，因此全國各地流傳著六百種以上，喊得出名號和來歷的妖怪。說起日本最知名的妖怪，公認非以下莫屬，讓我們來看看這些破關斬將，打敗了無數對手，榮登排行榜的陣容[1]：

一、鬼

說鬼，說鬼，世界各地都愛說鬼；但是「鬼」在中文和日文中，意涵其實不太一樣。

殷商時代的甲骨文中，有一個大頭鬼。因為「鬼」的象形字，像是一個大「田」字型的人，跪在地上的形狀；亦有學者認為那個「田」，其實是人戴著大型的面具。

那時候的長篇記載並不多，我們再從神話中找找其他線索，根據《山海經・海內北

註一：少年社等編（1999）：《妖怪之本》，日本東京：株式會社學習研究社。

鬼：頭上有兩角、大口、凸眼、腰上繫著虎皮裙。食玩請見頁126。

鬼

世に丑寅の方を鬼門といふ今鬼の形を画くには頭に牛角をいたゞき腰に虎皮をまとふ是丑と寅との二つを合せてこの形をなせりといへり

五德怪：這種怪物有三隻眼、雙叉尾、噴火口，頭上戴著鐵環和火焰。食玩請見頁108。

經》：「鬼國，在貳負之師北，為物人面而一目。」

可見這裡的鬼還是似人、非人的恐怖生物，仍是自然界的一分子，只是長得可怕一些。

上古時期，第一個被鬼魂奪命的知名例子，可能是公元前十九世紀的夏朝皇帝孔甲。

孔甲在位三十一年，無惡不作，「好方鬼神，事淫亂」，是一個迷信而粗暴的君王。但他有一件為人津津樂道的事績，就是養龍。據說他登基時，天上降下了兩條龍（事後證明這是個惡兆，非吉兆也），雌龍因為豢養不當，衰弱而死。慌張的孔甲又找到了一位能人異士——師門，來擔任「龍師」，在豢龍宮中專門照顧龍。

據《列仙傳》說，師門頗有來歷，是昇天仙人嘯父的弟子。但是君王目空一切，哪裡把仙人放在眼裡？孔甲喜怒無常，又喜歡亂下命令，兩人起了衝突，孔甲一怒之下，便把師門殺了，命令部下埋在荒野。

沒想到，師門的墓附近，突然間狂風暴雨、大火焚山，眾人慌了手腳，孔甲為了安撫師門靈魂，興建祠廟，並前往祈禱，卻在回宮廷的途中，無端端暴斃在車輦裡，糊里糊塗沒了性命，證明鬼的力量比國王還大。

不過這段記載，還沒有明白稱呼師門死後是「鬼」，只是承認了這種超自然、不可知的現象。

到了周代，鬼開始出現人類「亡魂」的意涵，《禮記》有「人死曰鬼」、「眾生必死、死必歸土，此謂之鬼」的記載，可能是先民希望親人不滅，也可能是擔憂惡人復活，因此啟發了這樣的觀察與想像。春秋戰國時期，鬼也負有「復仇」的任務，報復私怨、或者替天行道，周宣王就傳說是被鬼害死的。無論如何，這種人死之後，穿梭人界和陰界之間，飄忽神秘的靈魂，就是西元前中國人對「鬼」的看法。

但日本人對「鬼」的慣用法，與中國不同。日文的「鬼」比較常指惡魔或怪物；日本的民俗學者柳田國男，就力主要區分「妖怪」和「幽靈」。

髭鬼（左）與古扇（右），食玩請見頁106～107。

被稱為「日本通」的中國作家周作人（1885~1967）說過：

「日本所謂鬼，與中國所說的很有些不同，彷彿他們的鬼大抵是妖怪，至於人死則稱為幽靈。古時候還相信人如果活著，靈魂也可以出現，去找有怨恨的，有時本人還不覺得，這就叫做『生靈』，與死靈相對。」[2]

因此日本辭書中，對鬼的解釋是：「一、死人的靈魂，二、幽魂、作祟的無形物體，三、一種幻想怪物，有人類的外型、裂到耳邊的大口、銳利的尖牙、頭上生角、腰間圍虎皮裙，相貌猙獰，又名羅剎或夜叉。」

日本史上，「鬼」最早出自《日本書紀》（720），傳說齊明天皇去世後，山上出現了一個戴著大斗笠的鬼，遠遠看著喪禮的進行。《出雲國風土記》有大原郡出現「獨眼鬼」吃掉農夫；《日本靈異記》也有鬼吃掉元興寺童子的記載，此時，鬼是一種可怕的、嗜血吃人的怪物。

赤鬼，土佐光信「百鬼夜行繪卷」。

隨著佛、道教傳往日本，政治家聖德太子（574~622）致力於發揚佛教，並尊為鎮護國家的宗教，「鬼」的定義也受到佛經的滲透，最明顯的就是「餓鬼」與「地獄」的觀念。地獄的獄卒就是鬼，牛頭、馬面、羅剎頭、夜叉口，負責懲罰那些犯了殺生、偷盜、邪淫、飲酒、妄語、貪念的罪人。僧人以此勸誡人民瞭解六道輪迴之苦、因果業力之大，應當向善背惡、修行克制，才能夠永離輪迴，登向涅槃。

日本著名的軍紀物語《平家物語》，記載專權恣肆、豪奢橫暴的平家大老平清盛，在去世之前發高燒，即使身旁的僕人以冷水淋身體，瞬間也變成沸騰的熱水與消散的白煙。他的妻子二位尼夢見平清盛為罪惡之業火所燒，要帶他前往無間地獄的「火車」等在枕邊，而牛頭馬面則鐵青著臉，隨侍在車前。這種文學的想像或許有些誇張，但也證明當時業報的觀念，已經深

註二：出自周作人（2005）：《周作人論日本》，中國西安：陝西師範大學出版社。

右：山童偶爾會幫助人類伐木，但事成之後若沒感謝他就會有麻煩。「化物繪卷」。
左：一種可怕的、嗜血吃人的怪物元興寺。

暴虐的平清盛為罪惡之業火所燒，要被帶往無間地獄。月岡芳年繪。

入民間。

如今，日本傳統習俗仍與鬼息息相關，傳說敲擊碗筷會引來餓鬼聚集，因此這是一種民俗禁忌。

日本平安時期，朝廷每年除夕夜舉行的「追儺」儀式，起源於中國古代南方的巫覡文化，《論語》記載：「鄉人儺朝服而立於阼階，儺所以逐疫周禮，方相氏掌之。」

古時候日本的「追儺」儀式，由朝廷的大舍人（官名）扮演「方相氏」，頭戴巨大黃金四眼面具（令人想起中國「鬼」的古象形字），手持盾與矛、身穿玄朱衣、帶領二十位童子，四處巡梭，高喊「驅鬼」。每喊一次就敲擊戈與盾，以驚嚇鬼怪，公卿更拿著桃弓葦矢，射箭將疫鬼驅離。

室町時代，這個習俗演變為節分（立春前一天），民眾一邊撒豆、一邊喊著「鬼出去、福進來」的咒語，祈求福樂避除災禍，一直延續到現代。

方相氏，鳥山石燕「今昔百鬼畫談」。

日本農業社會的鬼怪故事，比較像是庶民恐懼死亡與自然的遺存，年年舉辦的「鬼怪退治」儀式，也接近人與環境對抗、力求生存的文化遺跡。反倒是上層社會與古典文學裡的鬼魂和怨靈，反映了貴族階層的鬥爭與怨奪，才更是犧牲慘烈、遺恨綿綿的了。

二、天狗

天狗圖，出自《山海經》。

許多人都說，狗是人類最好的朋友；但天狗？可不一定。

世界上最早的「天狗」出自中國的《山海經・西山經》——「有獸焉，其狀如狸而白首，名曰天狗，其音如榴榴，可以禦凶。」形狀和我們現代的狗相差不大。

但是「天狗」到了東瀛，最早的記載在《日本書紀》，說是西元六三四年，流星掠過都市上方，民眾百官議論紛紛，這時留學過中國的留學僧上奏說，那是天狗，並非流星，它的吠聲就是雷鳴。

佛教傳入日本之前，民眾對天狗的印象是「鴉天狗」（或稱烏天狗），鳥形尖嘴、手持

—天狗的形象變成了威嚴、倨傲、鼻子高長的「鼻高天狗」。月岡芳年「新形三十六怪撰」。

團扇，是山岳森林信仰的化身。現代妖怪漫畫家今市子的名作《百鬼夜行抄》，主角的兩隻隨從就是黑鴉天狗、白鴉天狗，它們時而忠心、時而狡猾，常常演出脫線情節，是有趣的開心果，也是滑稽化的妖怪。

佛教傳入日本後，天狗的形象也慢慢定型，變成倨傲、驕奢的「鼻高天狗」，高長的鼻子如同說謊的小木偶皮諾丘，但衣冠端正、怒目威嚴，可就一點也不可愛，渾似佛教經典裡的四大「金剛」了（錯！不要想到帝國大廈的猩猩和美女），和現代日本人的看法，已經相去不遠。

古代日本的說話文學中，內容最豐富、規模最宏大的《今昔物語集》（約撰成於1120~1140年之間），在第二十卷中就有十則「天狗譚」的故事，可說是在文學上的不同層面，確立了天狗的形象。

海洋堂書玩：《百鬼夜行抄》鴉天狗。

日本的軍事天才源義經（1159~1189），幼年時住在京都鞍馬山，傳說他在山中寺廟見習時，便出現了天狗教導他兵法和武術，日後才創下了打敗平家的蓋世功勞（雖然這功勞終究為他帶來殺身之禍）。

在神話中，「神仙師傅」是各國英雄傳說的重要構成部分，但也可見日本人對義經之推崇，這個深入人心的故事，暗示他的天賦，不只來自於武士家族的遺傳，還有超自然的力量在加持助陣。

另外，日本還傳說，天皇的怨靈也可能化身為天狗，而在人間作亂；天狗也可能是隱居深山的修行者，與天地

一 鞍馬山天狗教導義經武術兵法。

天狗介於神與魔之間，擁有智慧和力量。河鍋曉齋繪。

精氣合而為一，變成了擁有神通的聖者，得以享受人民祭祀。在庶民心中，這種能夠介於神與魔之間，擁有智慧和力量的代表性妖怪，正是天狗。

古時候，日本人將無故消失、不再回來的孩子稱為「神隱」，就是被神隱藏起來了；還有一說，就是被天狗拐走了。這種推論可能來自天狗的法寶「隱身蓑衣」，據說無論是誰穿上，都可以隱形消失，或許這種說法，是為了安慰傷心的父母，但再次顯示它在人民心中，亦正亦邪的性情。

天狗從早期傳遞凶兆的妖怪，轉變為自然的守護者，但並不表示它是可馴服的，如果不慎得罪了它，也會變回暴虐的作祟者。天狗信仰，充分顯示了人民對自然環境的崇敬、憧憬、懼怕和憎恨。

三、河童

河童是一種在湖泊河川出沒、水陸兩棲的妖怪，又名「水虎」或「川太郎」，也就是「河裡的小孩」。

它的身高像四、五歲的小孩，有長長尖尖的嘴巴，頂頭蓋中有水，是能量與法力的來源。綠色的皮膚濕而黏，為了便於在水中活動，手腳都有蹼，背上還背著龜殼，像是各種水中生物組合而成的四不像。

日本各地都有河童傳說，江戶時期更有許多目擊者證言，但最早關於河童的記載，還是出自《日本書紀》。仁德天皇年間，中國地方（今岡山縣倉敷市）就有旅人在渡河時，因為河童作祟而中毒嘔吐。

以前河童是日本的水神，住在神秘的龍宮中，是魔幻的理想鄉。但隨著神道和原始信仰的衰微，神性不斷淡化，妖怪化反而取代之。

據說河童的性情調皮頑劣，會把人騙入河中、讓人溺水，還會吸人的血，或從肛門拉出內臟、偷吃小男孩的睪丸（可能是大人以此嚇阻小孩，避免他們玩水，發生危險）、在夜間廁所偷襲婦女、找人單挑比賽相撲、把綁在水邊的馬偷走等等，惡作劇罄竹難書，是令人頭痛的妖怪。

河童的起源眾說紛紜，但是最早仍源自中國。據考證，河童就是《山海經》中的「河伯」，也是黃河之神，《楚辭》中曾描繪河伯遊九河、登崑崙的優美詩句。最有名的河伯故事，應該是戰國的「河伯娶妻」，許多人記憶猶新——黃河居民飽受淹水之苦，必須定期獻祭美女貢品，官員西門豹識破了這是巫女和土豪壓榨鄉民的辦法，施計停止這個惡劣習俗，並把巫女丟入河中陪伴河伯，大快人心。可見河伯形象早先就並非善良溫和，這也是人民懼怕黃河氾濫的心理投射。

河童的手腳都有蹼，背上還背著龜殼，像是水中生物組合成的四不像。豐年「化物夜見顏更世」。

另外，河童也是中國的「水虎」。根據酈道元《水經注》記載：

「沔水中有物，如三四歲小兒，鱗甲如鯪鯉，射之不可入，七八月中，好在磧上（淺水中露出的砂石）自曝。膝頭似虎，掌爪常沒水中，出膝頭。小兒不知，欲取戲弄，便殺人。」

所以說，一不小心，人會被吃掉呢！

近年來，學者研究「水虎」，就是目前瀕臨絕種的「揚子鱷」。原來「河童」是鱷魚！……起初簡直不能想像，但是看了《水經注》的原文，似乎也言之成理。再看一次日本的河童描述：嘴巴長而尖、皮膚像鱗甲、手腳都有蹼、背上似龜殼……說真的，還真像鱷魚。中國的文字描述，到了日本竟變成另一種幻想生物，這不是「橘逾淮而為枳」，而是反映了不同民族的心靈想像吧。

中國的河童，到日本還有續集。據說河伯一族渡海遷徙後，來到了日本九州的雲仙溫泉，因為環境適宜、大量繁殖，因此被稱為「九千坊」。

如今熊本縣八代市的球磨川河口，還留有「河童渡來之碑」，紀念這群移民的中國河神。

但是河童太喜歡惡作劇，也造成居民的困擾，讓人想要趕走它們。據說赤峰和尚和豐臣秀吉的家臣加藤清正（1562~1611）都曾經見義勇為的「退治河童」，此時河童已經完全從神仙轉變為妖怪了。更有趣的是，河童被壓制後，砍下的手卻成了寺廟的鎮寺之寶，或成為神明的侍從，表現出人民仍存敬畏，以及祈求祝福的心情。

還有一種河童的起源，是來自咒術稻草人。江戶初期的建築雕刻名匠左甚五郎，築城時因為人手不夠，就做了許多稻草人偶，完工後想要拋棄它們，人偶問他：「那以後我們吃什麼?」甚五郎說：「就吃人的屁股吧！」（這可真是個妙答案！）於是人偶被丟入水中，變成了河童，此後它們均以人的屁股為食。這是個關於妖怪被棄的復仇故事，也說明了河童傳說中常有的色情意涵。

因為河童總是喜歡伸手作怪，一旦被制服，往往就是被抓住或砍掉了手。畫狂葛飾北齋畫過「釣河童」，描繪釣者故意在河川上露出臀部，另一手卻抓住大型漁網，等待背後河童上鉤。

逃走的河童常會來要回肢體，或懇求人類的原諒，人類的交換條件常常是要求他們寫「悔過書」（像是對付小孩的方法），或是逼迫他們傳授奇妙的「河童藥」，治傷醫病

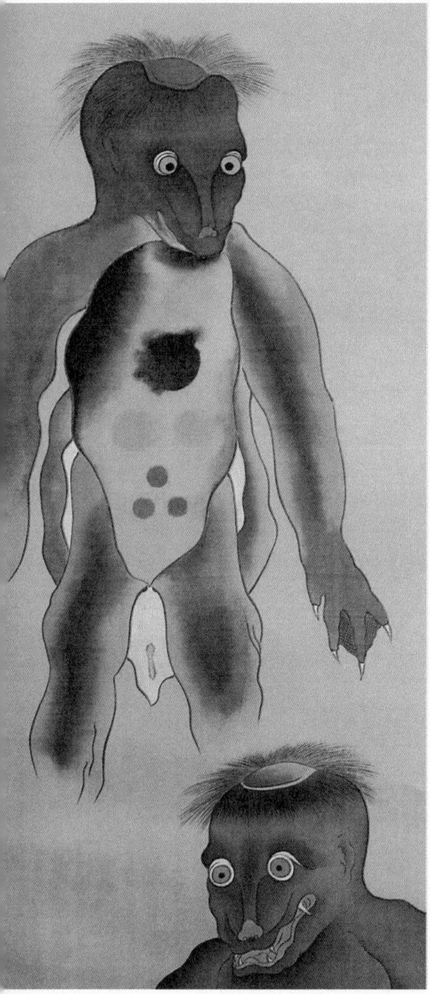

河童大約四、五歲孩童高，頭上有水盆、盆邊有毛髮、背上有龜甲。

頗有神效，也是傳統醫療與民間傳說結合的奇特例子。

而人們對這樣親近的幻想生物，內心深處，究竟抱持著怎樣的態度呢？

或許我們可以從文學之鏡的反射，略窺一二。近代的重要作家芥川龍之介，曾經寫過一篇名作〈河童〉，描述一個住在精神病院、曾經誤入河童國的「瘋子」（正因為他的經歷，而人以為瘋吧）——姑且稱他為醫院的「第二十三號」。

第二十三號提到，河童國的風俗習慣，在人類看來是不合邏輯的——河童對人類認為一本正經的事覺得可笑；卻對人類覺得可笑的事一本正經——例如小河童將出生時，河童父親會對著孕婦的產道口問：「你要不要出生到這個世界上？仔細考慮之後再回答。」而尚在腹中的胎兒，真的會慎重思索後才決定。

河童的人生從一開始，就必須對自己負責；這是很多到了成年，都還在推諉卸責的人類很難想像的啊！

關於河童國的日常百態，芥川有許多描寫，這裡並不贅述。值得特別一提的是，每次

「釣河童」描繪釣者故意露出屁股，等待左下方的河童上鉤。葛飾北齋「北齋漫畫」。

同河童を釣ルの法

出沒在河川、湖泊、海邊、沼澤，河童會讓人溺水，或者吃掉人的內臟。食玩請見頁125。

第二十三號敘述完畢、訪客即將離去時，他總是會突然地跳起來大罵：「滾出去！你這惡魔！你也是愚蠢、嫉妒、猥褻、厚顏無恥、自欺欺人、殘酷而專打如意算盤的動物吧！滾出去！你這個惡魔！」[3]

芥川龍之介曾經說過，〈河童〉是從「對一切事物，尤其對他自己的嫌惡所醞釀出來的。」第二十三號這一段怒吼，正是他對自己、人類和世界不滿的爆發宣洩吧。自號「我鬼」的芥川，在這裡直接稱人類為「惡魔」，透過書寫河童的「大觀園」，批判人類的偽善、虛假、慾望、橫暴和軟弱，並且在自我的懷疑與譴責中，因遺傳性的精神症狀而自殺告終。

芥川的齋忌日稱為「河童忌」，我想是對他相當理解的友人命名的吧。如果他仍能復生，會發現這個世界，和他告別的那一個，仍舊沒有不同啊，這也正是芥川穿越時代的洞察性吧。

揮別芥川，我們喘口氣，回到跟河童有著深厚緣分的柳田國男身上。他的代表著作《遠野物語》(1936)，以知識性的方式，描繪這個充滿原始自然氣息、迥異於都市空間的妖異之地，有如一首美好的田園詩歌，讓當地的河童也跟著聲名大噪。

過去，遠野的居民對河童十分忌諱，實在談不上親切共處；而在柳田離開的一百多年後，河童已經轉變為地域象徵與觀光資源，居民將當地的紅色河童（一般河童是綠色的）開發為各式商品，強調其可愛迷糊的性格，大受觀光客的青睞。

在都市化與工業化影響下，縱使遠野等地區仍能保留部分原始風情，但大多數純樸的生態大地，已成為無有之鄉，如同遠颺的歌聲在風中逝去。

註三：芥川龍之介（1998）：《河童》，許朝棟譯，台北：星光出版社。

就算真有河童，還可能在今日的自然環境中，悠遊快樂的生存嗎？這也是許多日本人一再奔走呼籲的課題。

四、妖狐

在中國，「狐仙信仰」是一種源於北方、流傳久遠的民間信仰。或許是狐狸常出沒於農林田野，聰明臉龐和機智行為深入人心，許多人相信老狐可以修道成仙、成妖祟人，就如同《封神演義》中的九尾狐狸精妲己一樣。

九尾狐，出自《山海經》。

中國狐精最早的文學記錄，可能是西漢的《西京雜記》，記錄了白狐入夢的故事。唐代的俗語說：「無狐魅、不成村」，有些地方的狐仙廟，就和土地公廟一樣普及，孕育了豐厚的傳說土壤。

在日本，「稻荷信仰」是最受歡迎的信仰，與人民生活息息相關。日文「稻荷」有「稻子的果實」以及「肩扛稻穀去敬神」的意思；《日本書紀》中，稱呼「稻荷神」可以「倉稻魂、保食神」。日本人認為狐狸會用奇妙幻術迷惑人心，但更相信它是春日田神（農耕神）的使者，可以保護農田、祈禱豐收；後來更進一步成為守護經濟的商業之神。

稻荷信仰庇護著農民與商人，因為它豐富的包容性，成為信眾廣泛的「福德之神」，神社中處處可見狐狸口叼稻穗、高高在上、享受信徒的膜拜。比起狐仙在中國宋代後，漸漸由神仙淪落為妖精的悲慘境遇，可神氣了。

如今日本全國有四萬間以上稻荷神社，其中歷史最悠久、香火最鼎盛的，是創建於七一一年的京都伏見稻荷大社，祀奉「正一位稻荷大明神」，神社中有著馳

狐仙是民間極為普遍的信仰。月岡芳年「新形三十六怪撰」。

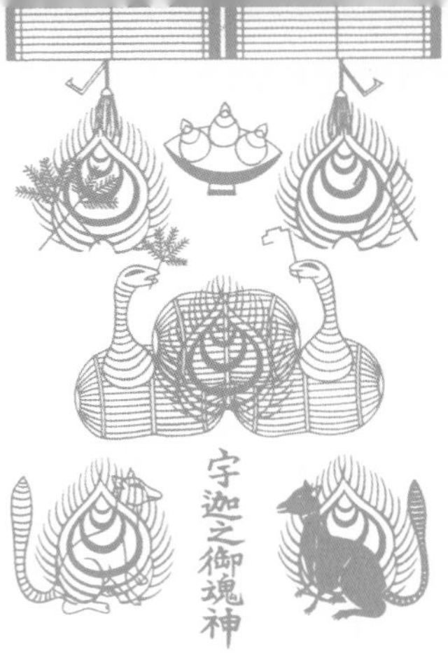

名中外、綿延不斷的「千本鳥居」（神社大門）——在通往稻荷山的山路上，民眾捐獻用來祈福的朱紅色鳥居，連成一片蔚成鮮豔的圖像，不愧全國稻荷神社的總本社之名。

每一年，伏見大社最重要的祭祀日「初午日」（大吉祥日二月七日），也是全國各稻荷神社的祭祀日，各地的信徒如潮水般湧來，江戶歌人橘曙覽曾經在參拜後歌詠：「遙望稻荷坂，朱紅牌坊晃又搖，原是人浪翻」，可見民眾信仰之虔誠、場面之壯觀。

正如許多妖怪鬼神展現的二元性，狐仙也不例外。日本人認為，狐狸分為「野狐」和「善狐」。

「善狐」又分為金狐、銀狐、白狐、黑狐和天狐五種，各有不同法力。金狐、銀狐是天皇即位時，太陽、月亮的化身；白狐是一種靈狐，大陰陽師安倍晴明的母親就是白狐葛葉；黑狐是北方的神獸，也是北斗七星的化身；天狐則是千歲以上、擁有法力的狐狸。但是「野狐」則是人們所厭惡的，它可能會附身人體、帶來災禍，屬於民間咒術的一環，甚至象徵一種妖獸、淫獸。

右：京都伏見稻荷大社的御神符。
左：京都古寫真：伏見稻荷大社綿延不斷的朱紅色鳥居。

隨著稻荷信仰的盛行，日本各地神社都有相關傳說，顯示了當地獨特的文化與歷史意涵。例如有些地方相信，如果有人突然特別喜歡吃油豆腐，而且像狐狸一樣，大聲地直接用嘴吃，就可能是被附身了。

柳田國男分析，日本的狐狸祭祀，經歷了「神諭祭祀」、「施行祭祀」、以及「驅逐祭祀」三階段。第一種是將狐狸當作稻荷神的使者來祭祀；第二種是在食物不足的冬夜，於野外的狐狸棲息之處放置貢品，幫助狐狸度過寒冬；第三則是當狐狸成為人類災害時，實行驅逐的儀式。[4]這都顯示人類隨時準備各種因應措施，希望與這種富含文化意義的獨特生物，長長久久的生存下去。

註四：蔡春華（2004）：《現世與想像——民間故事中的日本人》，銀川：寧夏人民出版社。

右：日本的狐狸祭祀。廣景繪。
左：陰陽師安倍晴明的母親白狐葛葉。月岡芳年「新形三十六怪撰」。

芳年

古代文學妖怪

文學是讓人瞭解、親近妖怪的一大源由。相對於中國，日本文學史若剔除了怪談，則是黯淡無光。

日本的「妖怪」語源來自「物之怪」（もののけ），正如日本的「妖怪博士」水木茂（1922~）曾經在《少年英雄鬼太郎》的序文中，開宗明義的提到：

「所謂的妖怪和鬼就是一種『靈』。『靈』是看不見的，當然也是摸不到的，但有時卻可以感受到『他』的存在。感覺又因人而異。有些人只能微微地感覺到，有的人卻可以強烈地感覺到。總之，妖怪是存在的，只是我們看不見。」

中日兩國對鬼神的觀念，究其底，來自敬天畏地的泛靈信仰，這也是世界許多先民的素樸思想。

中國《山海經》、《楚辭》、《莊子》等書的鬼神描述，多出於山谷河海之意象，可惜這種初民對自然的詮釋與發想，在儒家思想興起後，卻逐漸被強力壓抑，孔子的「子不語怪力亂神」、「未知生、焉知死」雖然強調現世的關注，卻排拒了人民對未知時空的幻想、對來生超越的需求。

周作人讀了柳田國男的祭典著作，曾經有感而發：

「蓋日本宗教，求與神相近，以致靈氣憑降，神人交融，而中國則務敬鬼神而遠之，至少亦敬而不親。」[1]

但是，即使中國極力實踐儒家教條，實踐道德卻不一定保證公平正義，關注現世也無法解釋不可知的現象，因此這部分的詮釋缺口，遂由道教、佛教的「鬼」、「神」、「佛」、「六道輪迴」等加以

原是室町時代的武士之女，以美色迷惑無數男子，死後便下了地獄，最後她誠心懺悔，改名為「地獄太夫」。月岡芳年「新形三十六怪撰」。

註一：周作人（2005）：《周作人論日本》，中國西安：陝西師範大學出版社。

払子：以美麗的白鹿獸毛做成，是僧侶用來驅趕蒼蠅及除魔的道具，但因為過於陳舊而被拋棄，化身為憤怒的妖怪。食玩請見頁110。

彌補，以滿足廣大人民心靈的需求。在中國的廟堂，妖精鬼怪始終被歸為不入流的「小道」，為國為民的大儒不應探討，也就斷了開拓深化的可能，難怪吳承恩、蒲松齡（1640~1715）會鬱鬱以終，讓人嘆息。

反觀日本，維繫其國家、人民、信仰與信念的，本來就是起源於自然精靈和鬼神崇拜的「神道教」與「神國觀」。周作人的意思，是中國人對鬼神只會「揖讓而飲」，絕不會像日本人一樣「如酒徒調笑，勾肩捋鼻，以示狎習」，他對兩國信仰觀的差異，有著洞悉的見地。

日本作家對鬼怪文學著力甚深，風華大有可觀。其中流傳最廣、最久的作品，主角往往不是妖怪，而是幽靈。

或許是人間的亡魂冤情，比起山林的幻想怪物，更容易激起人民的共鳴同情，也更有隱惡揚善的效果吧？因此這些故事給人的印象也愈加深刻。

日本最早的幽靈故事，據考出自《日本靈異記》（《日本國現報善惡靈異記》，810~

820），這些故事以因果報應為主軸，搭配豐富的世情風土，傳達教化人心的觀念，是佛教說話集的濫觴。

日本的說話、物語創作，可以推遠至公元六三〇年的中國唐太宗時期，舒明天皇第一次派遣「遣唐使」——犬上御田鍬抵達中國；直到七五六年，唐玄宗因為安史之亂退位，這段時期是大唐盛世、百花齊放的黃金年代。六四五年，日本推動大化革新，確立了中央集權，改革了許多積習制度。八九四年，唐朝藩鎮割據，奄奄一息，大臣菅原道真建議停止遣唐使，從此開啟了日本文字書寫的「國風文化」。

總計這二百六十四年之間，日本派了二十次遣唐使，最壯觀時有四艘船、包含六百五十一位見習僧、留學生、技術人員、外交使節等，浩浩蕩蕩遠渡重洋，鞏固中日邦交，交流文化精粹。

他們在留學、習道之餘，也將當時流行的六朝志怪、唐代傳奇，或翻譯、或攜帶回日本，影響了日本的妖怪創作發展。從此十二世

草履大將：被拋棄的草鞋妖怪，頭為草鞋、身披蓑衣、騎著竹馬出來作祟。食玩請見頁106。

紀的《今昔物語集》、《宇治拾遺物語》，十三世紀的《平家物語》，十四世紀的《太平記》……融合了本來的民間傳說，收錄各種說話、玄奇、鬼怪的故事。

其中描寫華麗的貴婦幽靈故事，更加受人矚目——

「嘆妾魂兮空飄盪，雲遊西東無定時，盼結裾端兮息魍魎～～」[2]

「嘆息啊，靈魂在空中飄盪，像浮雲不分東西，希望結起衣裾啊，讓魍魎鬼魅早點遠離～～」

這首和歌出自十一世紀的《源氏物語》，凡是嘗過愛恨交織的苦楚、如火激烈的熱情，對這哀嘆大概都不陌生。前皇太子妃六條御息所，苦於情人光源氏的戀情冷淡，因而靈魂出竅，化為厲鬼，向源氏的髮妻葵之上尋仇。

當時六條御息所的生靈附身葵之上，滿室的薰香濃得嗆鼻，僧侶的祈禱如雷震耳，光

註二：出自紫式部（1989）：《源氏物語》，林文月譯，台北：中外文學。

右：赫琵琶：如果彈奏不和諧的曲調，會招來妖怪，使家運衰微。食玩請見頁107。
左：源氏探望六條御息所。土佐光吉繪。

源氏正在柔聲安慰妻子，沒想到她口中傳出的，卻是情婦怨恨的聲音；瞬間更變成情婦模樣，心中的驚愕可想而知。

痴心的生靈向源氏傾訴痛苦，便詠出了這首和歌。愛之深、恨之切，六條御息所想不透，高傲的自己，為何因愛情淪落到如此地步？她醒來後，發現驅邪用的芥子味道附在身上，怎麼也洗不淨，就如同對源氏的執念，已經浸入了骨髓心液，讓痴心怨女永劫不復。

所謂「煩惱即菩提」，透過這段不可思議的情節，作者紫式部描繪愛情的力量，可以上天堂、下地獄，催生瘋狂的魑魅鬼魔，這段恐怖的抒寫，被改編為無數藝術形式。「能劇」的理論集大成者、創作家、表演家世阿彌（1363?~1436?），以此段落創作了劇作「葵上」，透過懾人心魂的樂音、緩慢持重的姿態、壓抑平緩的呼吸，來演繹能劇的六條御息所。

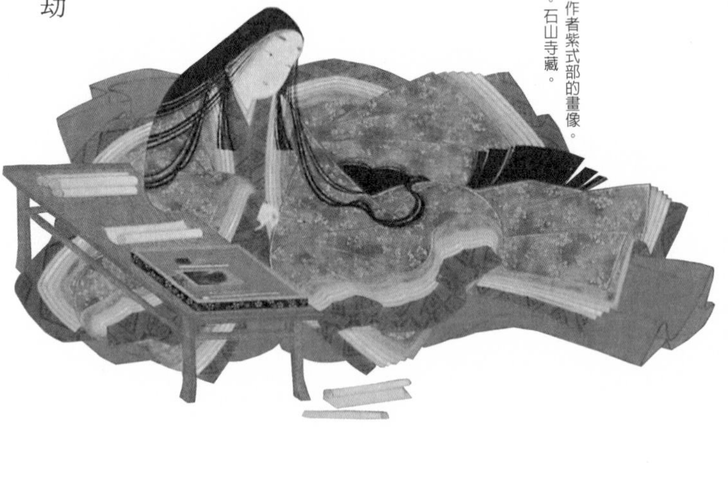
《源氏物語》作者紫式部的畫像。土佐光起繪。石山寺藏。

般若：六條御息所化成生靈迫害葵之上，僧侶頌念〈般若經〉加以保護，後來能劇便以「般若」稱呼鬼女面具。食玩請見頁122。

她臉上戴的本來是纖細柔美的「泥眼」美女面具，卻轉變成憤怒苦惱的「般若」鬼怪面具，在看似驚悚的外貌底下，那彷彿永久凝鑄的鬼面，幽玄枯寂，恰正是六條御息所為情所役的無盡悲哀。

嘆息兮！「亡者亡兮生者生，生亡雖書猶朝露，終歸空無兮莫慌驚」[3]，難怪光源氏最後勸六條御息所的是，人生不過一葉朝露，何必苦苦相逼？

而個人最難忘的日本鬼，則是盛極一時，最後全族覆滅的平家亡靈。

明治時期妖怪作家小泉八雲（1850~1904）的《怪談》中，描述盲眼琵琶琴師無耳芳

註三：此為葵之上產後衰弱而死後，光源氏寫給六條御息所的詩句，是安慰？是諷刺？令人玩味。出處同前註。

盲眼琵琶琴師無耳芳一被鬼魂召去彈奏平家樂曲。出自《御伽厚化妝》。

一，被平家的鬼魂召去彈奏平家樂曲。當芳一吟唱到最後一戰「潭之浦」，平清盛之妻抱著孫兒安德天皇跳海時，盲眼的他感到了四周異象：

「（鬼魂）發出懼怕與痛苦的呢喃，其中還雜有怪異的哭泣，聲音如鯁在喉中，沉悶得令人難受……」

此情此景，如同白居易的〈琵琶行〉：「感我此言良久立，卻坐促弦弦轉急，淒淒不似向前聲，滿座重聞皆掩泣。」以及南宋末年，大臣陸秀夫面對王朝末路，悲痛無助的抱著幼帝跳海的那一幕。

而旁人尾隨偷看芳一，則見他獨在

荒煙蔓草間，磷磷鬼火如同有生命一般，隨著樂音忽上忽下、東飛西奔……怨恨即使化為火焰，仍然熾烈不熄。

日本國寶藝術「能劇」的許多題材，都是文學、歷史上的幽靈或鬼魂，其中的名作「大原御幸」，描寫平清盛之女、貴為皇后的建禮門院，在平家覆亡後，落髮為尼，隱居京都郊外。往日繁華盡成一夢，如今靜對青燈古佛，日夜梵唱為亡人祈福。後白河法皇（修行的太上皇）憐惜她，輕衣簡從地去探望。當他們看到女院的草屋茅舍、簞食粗麻、香煙繚繞；回想她過去的雕樑玉砌、綾羅綢緞、光燦生輝，法皇和隨從都忍不住落下淚來。

建禮門院對法皇說，她這一生正好印證了佛家的「六道」：

生下天皇，享盡榮華是「天上道」；
源氏追趕，慌張逃竄是「人間道」；
流亡海上，忍饑負餓是「飢餓道」；
一之谷戰，殺聲連連是「修羅道」；
壇浦海戰，舉族覆滅是「地獄道」；

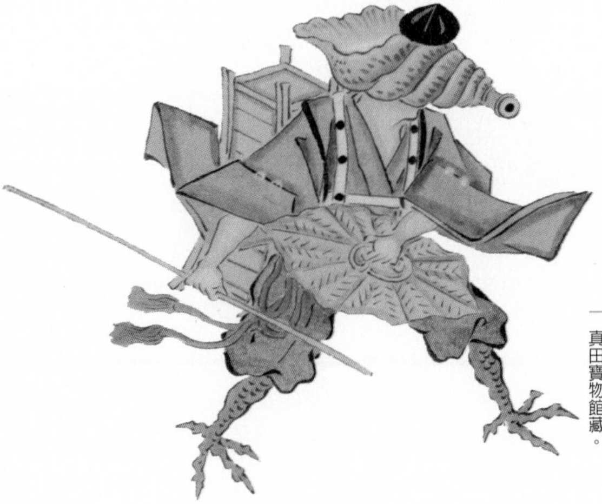

法螺妖怪，是付喪神的一種。狩野承信「百器夜行圖」。真田寶物館藏。

最後求死不得，帶罪返京是「畜生道」。

畢竟是極盡繁華，衰亡同一痛，如同《平家物語》開卷所警示的：

祇園精舍鐘聲，警醒諸行無常之道；
兩株沙羅花色，顯示盛者必衰之理。
驕奢者如一場春夢，不會長久；
剛暴者如一場風沙，過眼雲煙。

一代佳人的美麗哀愁，敗軍之將的失落憤恨，顯露了佛家的寂滅思想，也傳達了民族心靈的黑暗史。

而不能長久的，究竟是人類、妖怪、或是這諸行無常的世間？

右：大蟻（上）和熊手（下），食玩請見頁110。
左：「地獄圖」是常見的宗教繪畫題材，多為純淨向善、高登極樂天界。河鍋曉齋繪。

明治庚午
惺々狂斎図

千年怨靈之都

天地之襲情為陰陽，陰陽之專情為四時，四時之散情為萬物。

——《淮南子》

一千兩百年歷史的日本京都，都說是座人鬼妖魔共存的都市。

有人說，理解奈良文化、平安時期的關鍵詞就是「怨靈」。也因為恐懼怨靈，日本從奈良末期就很少執行死刑。自嵯峨天皇的「藥子之亂」（八一〇年，平成上皇的寵妃藥子唆使叛變），到後白河天皇的「保元之亂」（一一五八年），更有長達三百多年的時間廢除死刑，主因就是皇親貴戚害怕冤魂。

日本天皇雖然是「萬世一系」，但各國的王位權力鬥爭總最慘烈，日本自不能倖免。公元七一〇年，王朝本來定都在秀麗的奈良，但是在光仁天皇的七七二年，發生了慘案「魘魅之禍」，掀起了一陣腥風血雨。

——幕末明治年間的鴨川，京都的生命母河。

「百鬼夜行繪卷」（局部），江戶時代—卷本紙著色。

因為朝廷的權力大臣藤原百川聲稱，在井上皇后（聖武天皇之皇女）和他戶太子的處所，發掘出了詛咒天皇的「魘魅」小人形。這一點非常可疑。須知天皇已經六十三歲，地位穩固的皇后和太子，需要干犯大不諱嗎？讀過中國歷史的人恐怕更覺得，這件事和漢朝的「巫蠱之禍」，簡直一般無二，模仿得很沒創意。

須知擁有無上權力的帝王，最害怕的就是死亡——人類唯一無法控制的死亡。所以當漢武帝的酷吏江充挾怨報復，宣布在皇后和太子宮裡，挖到了詛咒人偶，漢武帝馬上大怒追究，結果皇后懸梁、太子自盡，牽連了數十萬人。

這種宮闈悲劇，日本也沒新意，光仁天皇聽見詛咒，六神無主，漠視皇后、太子的辯解和求情，將他們廢位、發配冷宮，三年後兩人同時暴斃（當然是被殺的），罪名並沒有平反。古今中外的宮廷鬥爭，從來無情。

這件事情的最大獲益者正是藤原百川，以及他所支持的新太子（繼任的桓武天皇）。據說，井上皇后誓言報復，死後屍體變成了一條蛇，這雖然是市井流言，但可以佐證民間對這段冤屈的看法。

此後奈良變成一個陰氣森森的鬼域，百姓白晝見鬼，新太子昏迷不醒、兩位內親王（公主）去世，藤原百川壯年暴斃。七八一年，恐懼的光仁天皇禪位給桓武天皇，並指定另一個兒子早良親王為新太子之後，老皇也薨然駕崩，躲不過冤鬼的糾纏。

桓武天皇即位後，為了一新氣象，命令寵臣藤原種繼建造新都，打算搬遷到長岡京去。沒想到初建乍成，藤原種繼便遭暗殺，這件事牽連到早良親王身上（當然又是栽贓）。但是桓武天皇拒絕聽親王弟弟的解釋，將他的太子身分拔除，並放逐到罪地淡路島。被轟了晴天霹靂的早良親王，憤而絕食，還沒到淡路島，就餓死於途中，在罪地淒涼下葬。

這一切都是打蛇隨棍上，桓武天皇早就想立兒子為太子，只恨除不去眼中釘罷了，旁人其實也心知肚明。但是夜路走多了，終會遇到鬼，接下來四年，國內連續發生歉收、瘟疫、火災等禍事，天皇的寵妃藤原旅子、旅子之母、皇太后、皇后……像被推骨牌一樣，全被推到陰間去，連皇太子都病倒了。

坐擁天下的皇帝，發現自己孑然一身，再沒有人跟他共享榮華、權勢、財富……以及陰謀。他食不知味、寢不安枕，他惡貫滿盈，知道這一切全都因為手上的鮮血，如今冤魂來反撲了。

七九四年，天皇再度遷都，這一次將新京城命名為「平安」，那是夜夜夢見惡靈的發願。是以朝廷運用陰陽道原理，對平安京，也就是今日的京都，下了慎重的「咒」，更運用天然的地理形勢——「四神相應」，牢牢守護王城和恐懼的人心——「北玄武」掌船岡山，「南朱雀」掌巨瓊池，「西白虎」掌山陰、山陽道，「東青龍」掌鴨川。

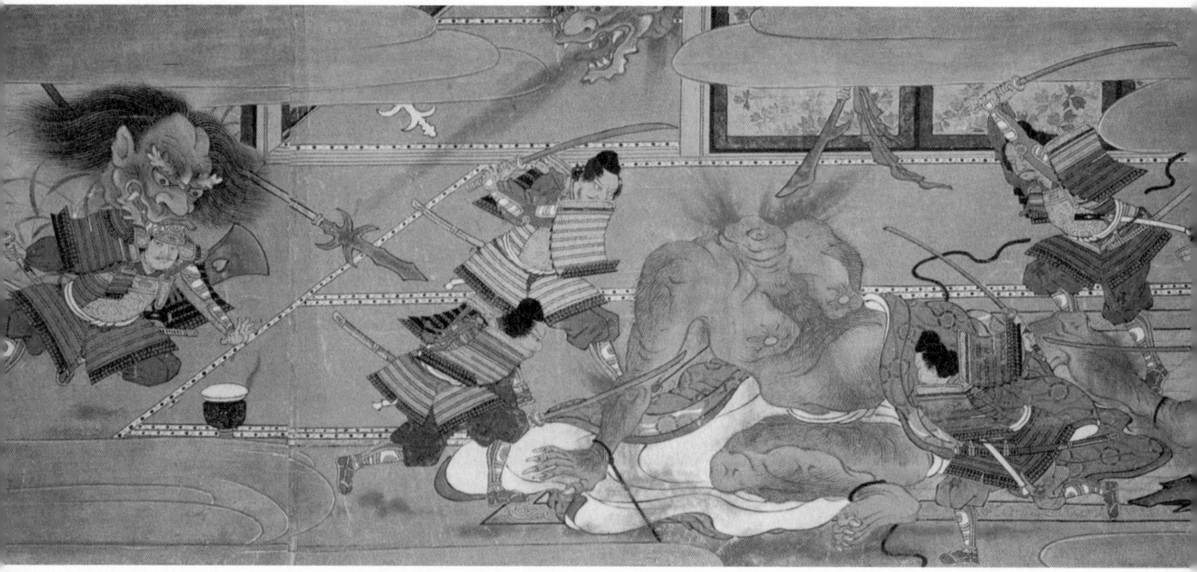

這樣夠了嗎？八〇〇年，日本人最敬畏的「神山」——富士山大爆發，火山灰噴飄了一個多月。桓武天皇終於醒悟到，逃避根本無濟於事，於是追封早良親王為「崇道天皇」，並回復井上皇后和他戶太子的名譽。

然而即使如此，也沒有人能為天皇驅逐心中的魅影。直到生命的盡頭，這個風燭殘年的老人，一直試圖透過各種補償：建寺、供奉、赦免……對冤死的亡靈，表達他的懺悔之意。只是不知道，害人的與被害的，是不是都真的安息了？

—酒吞童子退治之圖，狩野元信「酒吞童子繪卷」。

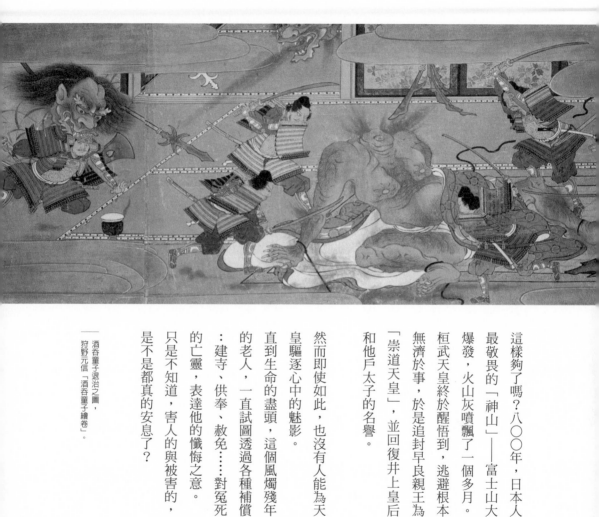

森羅幻象・百鬼復甦

平安時代，日本人口約六百萬，其中平安京大約十五萬，貴族不超過四萬人，也就是每一百五十人中才有一位貴族。

過去我們瞭解的貴族，就是皇室、王家、公侯伯子男爵，而這些日本的天之驕子，是否享有什麼特權呢？

他們除了爵位、車馬、服裝、飲食各有定制，不可踰矩之外，最重要的賞賜收入，就是土地和金錢。官位三品以上的上流貴族，年薪大約是現在的三、四億日圓，並配給土地一町（四三六〇坪）。中等貴族的年薪，最低有現代一千五百萬日圓，配給土地半町；下層貴族則配給土地四分之一町，這些人確實是不折不扣的豪門富翁。[1]

以前讀到平安王朝的女性大禮服「十二單衣」，每套相當於現代幣值四百五十萬～一千八百萬日圓，比 Gucci、Chanel

禮服貴多了！當時疑惑，這些貴族女性怎麼負擔得起？如今看到他們家族的高收入，就恍然大悟了。

貴族階層，享有金字塔尖的權勢富貴。但是也像作家唐諾說的，最高的權力榮華，總是吸引最美好的人事物，卻也召喚陰謀、貪惡、傾軋和悲傷，是以京都遂成了日本最美好、也最可怖的都市——

「生者與死者全擠在同一座城市之中，一齊遊蕩於同一巷閭井水之處，仕女公卿，人煙紅塵，極盡生之繁華，也漫天神佛，鬼影幢幢，揮不去死之哀傷。」[2]

建都千年的平安京，運用了許多風水陰陽之道，但是許多人都疑惑，既然官方下了那麼多工夫，為什麼百鬼夜行的傳說

註一：茂呂美耶（2006）：《平安日本》，台北：遠流出版公司。

註二：唐諾（2003）：〈生之歡愉的古都〉，出自《千年繁華》頁4，台北：馬可孛羅文化。

河鍋曉齋「百鬼夜行圖屏風」。

還是如此沸沸揚揚？這樣陰陽師豈不是權威掃地，早就該回家吃老米飯了？為什麼還能久任國家官僚系統、成為天皇的御用之學？並不是沒有其他學術可以代替啊！

且慢且慢，陰陽師當然有一番辯解之道，根據大陰陽師安倍晴明的解釋，這是誤用了法術之故[3]：經過仔細規劃的計畫都市京都，延續了唐朝長安城的體制，城中布滿井然有序的棋盤格，以及交錯縱橫的十字路口，莊嚴圓滿。

但是八七九年，陽成天皇時期，藤原基經奉旨改建平安京，為了守護國都、確保藤原一家的繁榮，利用陰陽五行和密教的「九字咒法」[4]，將皇宮區的通道，建成四縱五橫（加起來恰是九）的形狀，希望將妖魔完全驅趕出境。

但是他卻沒料到，「九字密咒」本來是中國的修仙者，用來攀登神山、打開異界的咒語。皇宮區本來布滿十字路口，現在咒語打開了異界的通道，結果是門戶大開，魑魅魍魎趁隙而入。

註三：岡野玲子（1999）：《陰陽師》第二集，日本：白泉社。
註四：九字指「臨、兵、鬥、者、皆、陣、烈、在、前」。

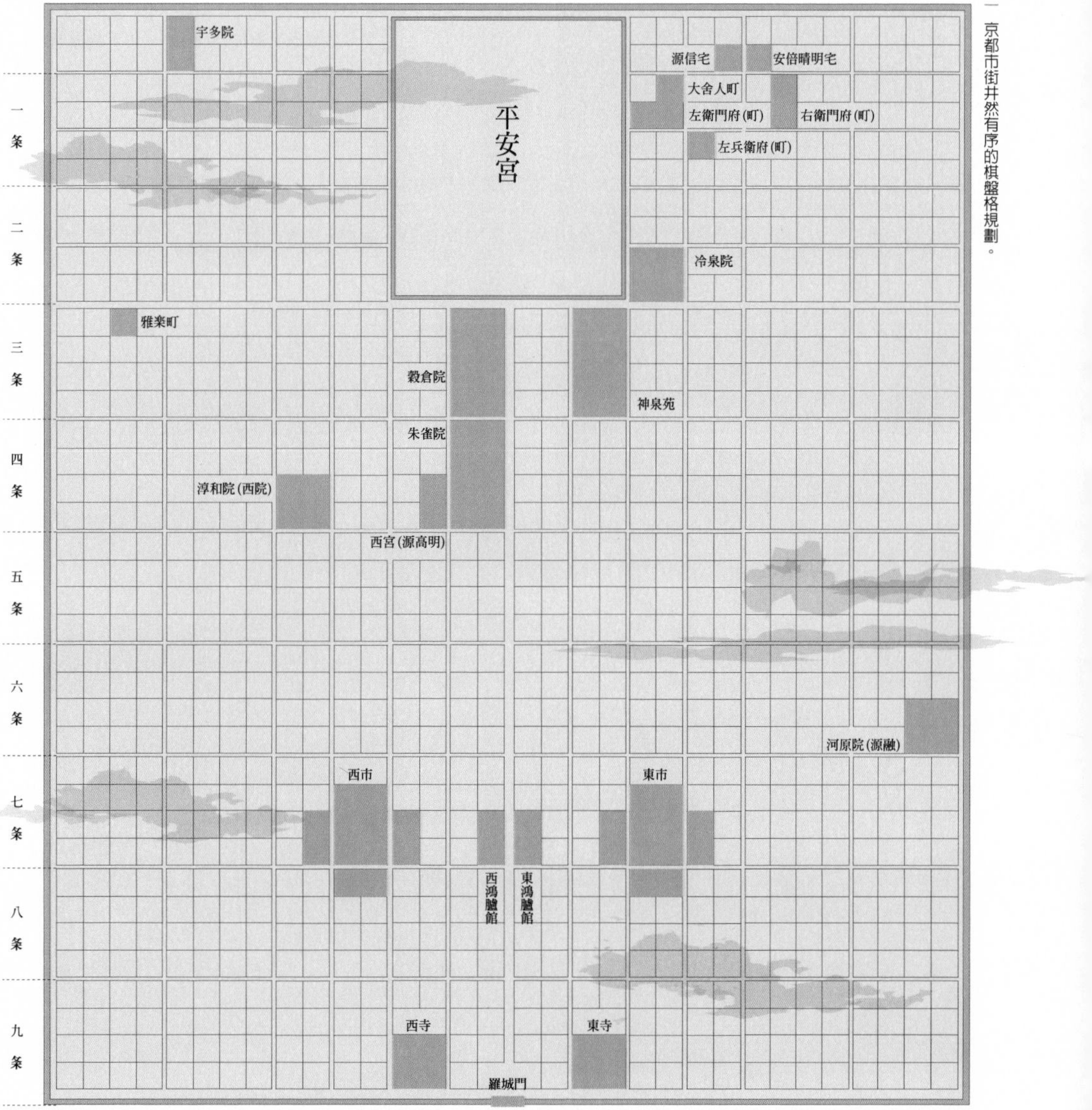

京都市街井然有序的棋盤格規劃。

雖然京都盆地的四周有「四神相應」，朝廷又派駐陰陽師，鎮守在都城東北角的「鬼門」，企圖強力封鎖入口，結果妖怪反而被困住無法離去。因此一到黑夜，便有（出不去的）怪物橫行，真可說是人算不如天算，也是事與願違、過猶不及的最大諷刺。

最讓我感興味的是晴明的態度。他是朝廷的官派陰陽師，照道理應當要極力防堵靈界缺口。但是當他的好友源博雅問，是否要封住全部出入口時，晴明卻瀟灑的說：「不塞，就讓它開著。」博雅很困惑，而晴明卻只是雲淡風輕的指揮式神（供人使喚的精靈），到十字路口去踏步、跳舞。

安倍晴明公御神像。京都・晴明神社藏。

是的，與其全面壅塞阻擋，不如留下合理出口，施以適當監視注意，才是真正的防範於未然，否則引起更大反彈，會演變成更難操控的悲劇。

榮華富貴，天生便具備召喚不祥的魔力，這也是其擁有者的宿命。博雅說晴明「深不可測」，其實他只是冰雪聰明，洞悉了妖界人世的道理。所以「淨化土地」容易，「淨化人心」卻是難矣！

平安時代末期，一再重演的宮闈鬥爭，讓享有「人神」地位的天皇，也變成了「人魔」怨靈。只能說，權力如春藥，作鬼不放棄。被稱為「日本第一魔王」的崇德天皇（1119~1164），就是這場悲劇的主角。

古希臘底比斯的國王伊底帕斯（Oedipos），出生就背負「烝母弒父」的厄運，如果他知道東方也有像他一樣，出生在悲運下的人，或許兩人可以結為友伴，星月下共酹金尊。

崇德天皇生自貴冑，是當時的鳥羽天皇（1103~1156）和皇后璋子的第一子，照理說，保證了無憂無慮的富貴人生。但這個王子從小就隱藏著羞恥與煩惱，因為滿朝文武都知道，他是曾祖父白河上皇和璋子皇后亂倫的結晶。雖然孩子是無罪的，但這複雜悖理的情愛關係，仍為未來種下了惡因。

崇德天皇五歲時，白河上皇逼迫孫子鳥羽天皇退位，讓愛兒坐上了金鑾殿。但白河法皇去世後，崇德天皇失去了後台，宮廷時起勃谿。這次，輪到鳥羽上皇（天皇退位後改稱上皇，即太上皇）要求崇德天皇讓位給鳥羽的親生兒子——近衛天皇(1139~1155)。但是新天皇體弱多病，十七歲就突然駕崩，皇位又成為眾人垂涎的肥肉。

不甘不願退位的崇德上皇，認為近衛天皇之死是天意，自己可以重新即位，或讓兒子擔任皇太子。但鳥羽上皇恨透了崇德上皇——這個使自己飽受屈辱猜疑的私生子。他逕自宣布由親生的四皇子繼位，號後白河天皇（1127~1192），皇太子為孫子守仁親王。

後白河法皇像。天子攝關御影／宮內廳書陵部藏。

至此，崇德上皇的希望徹底粉碎。究竟是怎樣的執著，讓這個原本文質彬彬的歌人（日本詩人），變成了追逐權力的野心鬼？或許他也答不出來。

鳥羽上皇駕崩後，崇德上皇起兵叛變，史稱「保元之亂」。但他不諳武事，叛亂反而加速了徹底的毀滅，崇德上皇的集團兵敗，後白河天皇為了懲罰這些武士，再度恢復崇德上皇死後化身為「死天狗」，怨靈作祟人間。歌川國芳繪。一勇齋藏。

了死刑制度。由於對峙的雙方都倚重武力集團，日本政治逐漸由「公家」（公卿貴族），轉變為「武家」（武士集團）掌握大權，這恐怕是早年白河上皇沉迷畸戀時，再也算不到的。

政變失敗後，崇德上皇被流放到讚岐國，遠離權力中心的京畿，日復一日的憤恨不平，讓他在佛經前發誓要成為大魔王，並在狂怒的詛咒聲中死去。

崇德上皇死後，喪禮首先發生不祥事故。他的陵寢位於白峰山（今坂出市），送葬途中下起大雨，崩落的山石擊中靈柩，一滴滴流出血來，隨行者嚇得連聲念佛。再來就是火葬的煙霧，竟然飄往京都方向，讓人們更恐懼崇德的怨恨。[5]

註五：少年社等編（1999）：《幽靈之本》，日本東京：株式會社學習研究社。

天皇畢竟不同凡品，就算變成妖魔，也不是一般角色，據說崇德上皇死後化身為「死天狗」，連連施法造成飢荒災異。當時日本還有「第一大天狗」——尚在人間的後白河法皇，兩位天皇一生一死、一陰一陽，分頭主宰了兩個世界。

近代的明治、昭和年間，傳說崇德仍在白峰陵施威，可見日本對人神的敬畏之心，並不因歲月或死亡而削減。

京都是日本之根、也是日本之心。保元之亂後，京都又持續著歌舞昇平、年深日久的繁華歲月，彷彿永不落幕的燦爛舞台。

因此這個都市，總是令我想起「逢魔時刻」。那是黃昏薄暮，「落霞與孤鶩齊飛，秋水共長天一色」，白晝與黑夜交融，天邊晚霞絢爛至妖豔的時分。美到了心神蕩漾、步入幻象之地，卻也是妖怪與人類，瞬間交差，最危險、最痴迷的臨界點。

民間耳語，「最美的櫻樹下埋著屍體」，懸崖才能綻放顫危危的絕美之花。日本美學是與永恆拉鋸的毀滅，與極度的不安全感緊緊構連，也是死亡的參差反映，育誕於毀滅之中，只在一線之隔。

這彷彿也成為京都的命題，不滅的京都、永恆的京都，如大菩薩的莊嚴之境。

德川幕府末年，明治初期的京都三條大橋。

御城
尾張殿
水戸殿
北
大川橋

分間懷寶御江戸繪圖（一八四三年發行）。人文社藏版。

江戶怪談百物語

一六〇三年，德川家康正式結束戰國時代，在關東海邊的一個荒涼小漁村，開創了江戶幕府。彷彿點石成金的魔術，煤炭變成了鑽石，江戶每年湧進國家近半歲收，聚集百萬以上人口，創造了超過二百五十年的太平盛世。

貨幣與商品經濟的興起，不單供養了傳統武士人口，更成為工商業等新興資產階級的溫床。都市化、商品化、以及消費文化的繁盛，奠定了東京——現代世界數一數二經濟都市之基礎。

江戶文化是高度享樂通俗的庶民文化，居民歌頌著「江戶子的錢、看不到明天的太陽」這樣的諺語，反映了市民階級的壯大。城市充滿了新興事物，各地的平民、商人和工匠到這裡來尋找機會，有專業能力就能領取高額工資，因此職人文化的「今朝有酒今朝醉」觀念盛行，

天井嘗：用長長的舌頭舔天井的妖怪。食玩請見頁125。

即使是武士階級、豪富雄商，對遊宴祭祀、花街歌舞，同樣面不改色、一擲千金。

在這個講求感官逸樂的都城裡，娛樂、消遣、新奇與刺激是不能少的。在幕府的政治、民生安定之後，由於紙張的普及、印刷技術的進步、書籍的大量出版，文化活動的盛行，使得說書、戲曲、浮世繪、大眾文學極度盛行。

另一方面，幕府的高壓統治使百姓言論受限，中晚期後，西洋文化的衝擊更造成政治動盪，政治綱紀廢弛、犯罪事件層出不窮。人民的苦悶必須找到抒解管道，於是妖怪傳奇就在人心不滿的情狀下興起，並結合宗教信仰與道德教化，成為心靈的寄託與出口。

一日俄戰爭時期，日本女性流行江戶元祿時期的復古裝扮。

江戶時期的寬文年間（1661~1673），書坊發行了許多怪談、奇談集，大略分為以下三種：

一、民俗怪談：以《曾呂利物語》為代表，許多也以「百物語」的名稱刊行。

二、中國怪談：以《伽婢子》（1666）為代表。

三、佛教怪談：以《因果物語》為代表。

其中《伽婢子》尤其重要，值得特別一提。它的作者是淺井了意（生年不詳~1691），他不但是僧侶、也是江戶時期「假名草子」（一種物語形式，為町人文學的萌芽）的代表性作家。

《伽婢子》中的許多故事，均改編自中國明代作家瞿佑（1347~1433）[1]的《剪燈新話》（1378）。瞿佑生於流亡遷徙的元末亂世，少小就有才名，頗受鄉里敬重，但是他的仕途並不順遂（這似乎是多數中國志怪作家的宿命），明成祖永樂六年（1408），瞿佑因為寫作詩文獲罪，被關押到錦衣衛（當時的特務機構），並謫貶到關外十八年。因此他的作品多數佚失，是一個懷才不遇的文人典型。一四二五年，朝廷從關外召回瞿佑，回復原職，才讓晚年過了點平靜生活。

《曾呂利物語》是民俗怪談的代表。

由於中國士儒極重視經世濟民（升官發財）、八股文章（加官晉爵）之道，加上明代神怪小說的光芒，又被唐代傳奇、清代聊齋所掩蓋，因此《剪燈新話》並未得到應有的重視，在中國早就沒有足本流傳，還好在日本深受喜愛，篇數較為完備。學者山口剛更稱讚它：「促使江戶怪談的黎明提早來臨」，對日本的影響力可見一斑。

《剪燈新話》大約在十五世紀傳到日本，起初只在貴族、學僧等上層階級之間，後來才傳布到下層的武士、僧侶社會。其中，淺井了意對《剪燈新話》進行藝術性的剪輯

註一：關於瞿佑生年有多種說法，近年考證，過去推定他出生於一三四一年，是早推了六年。其生卒以一三四七～一四三三年爲最可信。

「和漢百物語」中扮鬼臉的「貪心婆婆」。月岡芳年繪。

及再創作，影響了許多江戶作家，成為鬼靈小說的主要創作方法。對於江戶怪談的高峰——上田秋成（1734~1809）的《雨月物語》（1776），更有重要的啟迪，後文將再詳述。[2]

《雨月物語》是日本志怪小說的壓卷之作。

話說上田秋成五歲時得了天花，因此手指有些殘障，自號「剪枝畸人」、「斷足蟹」。童年的病弱遺憾，使得上田性格較為孤僻，不喜與人來往，反而常露宿荒郊野外，喜多聽聞鬼怪之事。上田曾經正式拜師，學習中醫與漢典，三十五歲完成的《雨月物語》，大量引用中國典故、日本歷史、民間傳說。觀察入裡，刻畫深刻，文體優美，藝術性高，被譽為「日本志怪小說的壓卷之作」，也被視為日本近代小說的創作先聲。

《雨月物語》的幾個故事，引自中國《古今小說》的「范巨卿雞黍生死交」、《醒世

註二：請見後文〈物之哀與女性悲嘆〉之「牡丹燈籠」篇章。

犬神：若祭祀得不好，反而會報復主人。食玩請見頁123。

恆言》的「薛錄事魚服證仙」、《警世恆言》的「白娘子永鎮雷峰塔」等等。但他在改編的過程中，極力融合日本人情風俗，並非強調內容的奇巧或恐怖，而是著力於社會的不公不義、惡人的侵害蠻橫、鬼怪的冤屈哀情，以及人鬼爭取權益、反抗強橫的願望，因此能引起大眾的共鳴。

而上田秋成晚年的作品《春雨物語》（1809），取材則全出自日本故事，或他個人的創作空想。其中的傑作「獨眼神」，書寫一位相模國（今神奈川縣）的年輕人，立志到都城學習歌唱，途經近江國（今滋賀縣）森林，經歷了百鬼夜行的酒宴，天狗神主、白狐巫女、獨眼蓬怪、裂口妖神……穿梭來去，是一場狂歌縱酒的如夢歡境。

有人說，這是上田秋成某次山中行的幻想體驗，無論如何，不可否認的，他的作品中強大的妖怪存在感，是令人最無法忘懷的。

而近年多次改編為電影電視、動畫漫畫的《南總里見八犬傳》，則更為現代人所知了。這是武家出身的曲亭馬琴（又名瀧澤馬琴，1767~1848）歷時二十八年完成的作品，書成時他已是七十五歲的老人了。在漫長的寫作過程中，他歷經妻兒去世，白髮人送黑髮人的辛酸，雙目也幾乎失明，但馬琴秉持強烈的創作意志，並沒有向命運低頭，改由向兒媳婦口述，完成了後期的作品。

《南總里見八犬傳》的結構宏大如《水滸傳》，是敘述人狗相戀而誕生的八個義士，對抗勢力擴張妖怪國度之故事。它的「本事」，出自中國古老的「盤瓠神話」，最早見於《山海經・海內北經》的「犬封國」。這是個膾炙人口的傳說，晉代干寶的《搜神記》及許多典籍，都記錄了此一故事，而馬琴則是將其發揚光大。

馬琴非常隱晦的引用了文殊菩薩、獅子王和八大童子的佛教圖像，描繪產下八犬士的伏姬公主、忠犬八房和八犬士。

《南總里見八犬傳》描述人狗相戀而誕生的八犬士，對抗妖怪的故事。香蝶樓豐國繪。

八犬士出生時，雖然不知自己的身世，但是命運來臨之時，他們藉由天生的牡丹花痣和刻字玉石相認，為了剷奸除惡不惜犧牲自我，喪失性命，也令讀者感傷不已。

其實馬琴藉由小說，不止攻擊妖女船虫的邪惡帝國，也在影射領主的苛政與體制的腐敗。這種「以妖喻今」的作法，似乎是很多怪奇創作者的目的。他最為人稱道的，是完整、龐大、嚴密的結構，展示了長篇創作的才能，八犬傳當時就非常暢銷，更被譽為日本最浩大的長篇傳奇小說。

除了創作，馬琴還是個奇聞異事考證狂。有人說，他是個討厭人類的偏執老頭。但是從作品中顯現的強烈俠義觀，或許正是遵守高道德標準的他，對抗浮浪喧嘩的江戶社會，最嚴正的抗議吧。

叛將平將門的頭，被懸首示衆，竟飛到了江戶灣地區。出自《平將門一代記》。

せられて
尚死せずして
體と継て
再び戰

江戶時期，流行「百物語」的遊戲。河鍋曉齋「曉齋百鬼畫談」。

江戶時期，人們流行玩一種「百物語」的恐怖遊戲，玩法是——在月明星稀的夜半時分，眾人圍集，共同點燃一百根蠟燭，每說一則鬼故事，就吹熄一根燭光，但是小心末尾不要輪到自己，因為當最後一根蠟燭熄滅，就會有無法預期的事情發生……

其實這樣玩，會發生恐怖事件，是早就能預料的。黑夜燭光本就昏暗，眾人輪番說了九十九個鬼故事，鐘聲更加低沉，精神已然不濟，膽子小的早就撐不下去，而膽子大的只是強忍恐懼。此時夜影幢幢，一片漆墨，疑心暗鬼、杯弓蛇影，什麼幻覺妄想都會出現——所以如果是偵探小說，兇手一定挑在這時下手。

跳脫江戶時期，來到二十世紀的一九六〇年代，日本影壇特別流行「怪獸特攝」電影，從哥吉拉（Gojira，即酷斯拉）、魔斯拉（Mothra）到加美拉（Gamera）……兒童和青少年皆為之瘋狂！這時候妖怪題材也不遑多讓，一九六八年，水木茂的「鬼太郎」動畫也大受歡迎，大映特攝公司搭上這股「怪獸・特攝・妖怪」的列車，推出了日本影史上的「妖怪三部曲」：「妖怪百物語」、「妖怪大戰爭」和「東海道妖怪之路」。

其中，電影「妖怪百物語」於一九六八年三月二十日上映，片長七十九分鐘。當時片商為了招攬觀眾，還在戲院前豎立妖怪模型，許多小觀眾都記得曾與「獨腳傘」合影，變成難忘的童年回憶；還有人說是打開了他人生的「恐怖之門」呢。

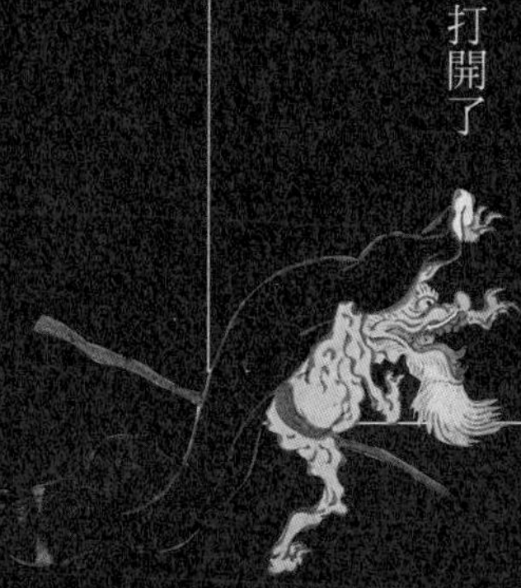

妖怪百物語一代

Yujin 出品的這三套「妖怪百物語」盒玩，就是以一九六八年的電影為主題製作的。

夏天到了，各位想玩「百物語」嗎？歡迎大家共襄盛舉，但本人可不奉陪喔～～（溜）

我想，還是吹著冷氣，留盞小燈，不恐怖時吃點刨冰，很恐怖時披上小被，自己看鬼故事最過癮！

轆轤首

獨眼小僧

獨角傘

企畫發行：Yujin
原型師：吉永幸介、小林秀樹、井也宏紀、德川廣和、伊藤晶典
種類：全 6 種 + 1 隱藏
尺寸：高約 7 公分
日期： 2001 年 7 月

隱藏：青鬼

一角大王

河童

大魔

妖怪百物語二代

烏天狗

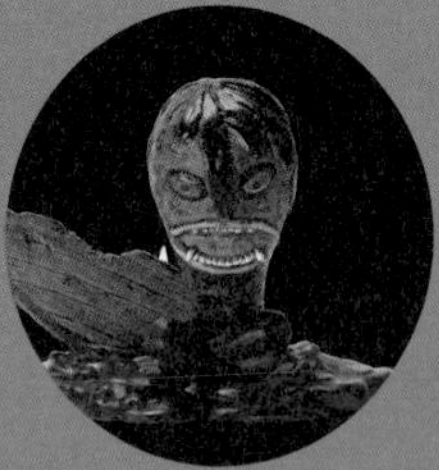

隱藏：海坊主

二面女

企畫發行：Yujin
原型師：吉永幸介、小林秀樹、井也宏紀、稻垣進、伊藤晶典
種類：全6種＋1隱藏
尺寸：高約7公分
日期：2002年1月

油蓑衣

雲外鏡

泥田坊

蓬亂怪

妖怪百物語三代

肉面怪、胡混老

河童

遺漏怪

企畫發行：Yujin
原型師：笠井晶次郎、吉永幸介、德川廣和、伊藤晶典、大山龍
種類：全6種＋1隱藏
尺寸：高約7公分
日期：2002年7月

隱藏：海女房

佬火、遲鈍怪

吹火婆

狂骨、病魔

妖怪繪卷興起

收藏在京都真珠庵的「百鬼夜行繪卷」（請見頁26～27），是日本藝術史上的妖怪繪畫國寶，高三十三公分，全長七・四六公尺，一般咸信為十六世紀、室町時代的土佐光信（1434~1525）所作。

土佐光信是室町幕府的御用畫家，也是妖怪畫的開山祖師，五十九歲至六十二歲主持宮廷畫院。他流暢、生動而且庶民風的筆觸，將古代的傳說具體視覺化，描繪出一群無秩序的烏合之眾，展現出人意表的畸形怪想，對後世的妖怪畫風影響鉅大。

這軸繪卷中的妖怪，許多均取材自日本傳說中的「付喪神」，音同日語「九十九」，指累積了百年以上的器物精魂。妖物的姿態雖然擬人化，但仍殘存著物品的形制，例如匙鬼、笙鬼、鳥兜、銅鈸子等等，都可以看出半妖的形象，屬於「物久為妖」、「萬物有靈」信仰的一環。

笙鬼（右）、鳥兜（左），食玩請見頁107、111。

「付喪神」的意義，與中國古代「精魅」、「物魅」一脈相承。

學者林富士曾經分析「魅」字的一連串轉變[1]：「魅」早在殷商甲骨文便已出現，字形像是長了三根毛的「鬼」。西元前六、七世紀，「魍魅」是指外表怪異、兇惡毒害的有形生物；也用來指稱華夏之外的「蠻夷異族」。西元前三世紀的「鬼魅」，則被認為是沒有固定形體的「無形生物」。

稍晚的戰國到東漢，則出現了「物魅」、「老魅」、「精魅」之詞，這些都是指稱「物老成精」。東漢許慎的《說文解字》也註釋「魅，老精物也」，這個觀念成為定型普遍的看法。

「魅」雖然能隱能顯、變化多端，帶有迷亂、妖怪、邪惡的氣息，卻也是可以被馴服的，西遊妖怪最終也一一被收服。但是「魅」仍存在人們的日常生活，並帶來隱隱的威脅，那些蠱惑人心的政客、捲起風潮的巨星、說法號令的宗教領袖，也可以說是一種「魅」，是常人難以企及的。

註一：林富士（2005）：〈魅的馴服與迷惑〉，出自《陰陽師千年特集》頁32～34，台北：繆思出版。

陰陽妖怪繪札．陽之卷

▶角盥

平安時代，貴族雖然並不每天沐浴，但總是要洗手、抹臉、剃髮、染齒。「角盥」是一種圓形深底，用以盛水的黑色漆器，旁邊有四隻短柄。所以畫家將它妖怪化後，搭配了女性衣裳、提著有嘴有眼的妖怪燈籠，或許也在暗示，愛美的婦女比男性更注重清潔？

◀草履大將

它是被拋棄的草鞋妖怪，頭為草鞋、身披蓑衣、騎著竹馬出來作祟，古人喻用這些物品也有靈魂、思想和心情的例子，勸告人們珍惜物品，以免物體化為妖精，懷恨反撲人類。

▶匙鬼

希臘羅馬時期，人類便已經開始使用湯匙。一般平民的湯匙用木頭製作，但中國貴族為了強調身分，用的是玉湯匙。據說匙鬼的死對頭是筷子（箸），平安時期流行用筷子，使湯匙的地位大為降低，造成匙鬼的怨恨與詛咒。

企畫發行：角川書店
原型製作：海洋堂
監修執筆：荒俣宏
造型總指揮：竹谷隆之
設計：京極夏彥與 FISCO
種類：陽之卷 12 種＋
陰之卷 13 種＋
隱藏 3 種
尺寸：高約 3.5~5 公分
日期：2002 年 8 月

◀妖鏡

據說古鏡容易吸附人魂，招來邪靈。古代的鏡子為銅製，鏡面不是非常清晰，尤其在忽明忽滅的燭火下照鏡子，模糊的影像更使人疑心生暗鬼，因此鏡妖的傳說、文學作品都不少，在中國就有小說《古鏡記》，描述鏡妖除魔的故事。

笙鬼

「笙鬼」的誕生，是提醒人不要輕慢樂器。它手持金色錫杖、高鼻雙翅，有點像妖怪天狗，飛翔時能奏出鳳凰之鳴般的樂音。笙是產生自中國的古老樂器，距今已有二千年以上的歷史，主要由笙簧（簧片）、笙笛（高低不一的竹子）和笙鬥（底座）所組成，依靠管子中的簧片發音，是吹管樂器中唯一的和聲樂器。

銅鈸子

根據考證，銅鈸子就是「鈸」，從西域傳入中國，形狀如圓盤，中央隆起如丸狀，中心穿一小孔，繫以繩穗，兩片互擊鳴奏之。由於可發出巨大聲響，一般用在法事、神樂、跳舞活動中，帶動氣氛活絡，因此強調「雅樂」的「能樂」則不使用這種喧嘩樂器。如果敲擊銅鈸子的音調狂亂，銅鈸子會變成妖怪，讓人跳舞直到死去，頗有西方「紅舞鞋」童話的妖魅之風。

古扇

在沒有風扇、冷氣的古代，扇子是夏日必備之物。平安時期的貴族女性以端莊高雅為美，不能讓人輕易看見容顏（常常連情人都沒看過），因此更是隨身攜帶，用以遮住臉龐，塑造隱約之美。據說由神木（尤其是壽命長的檜木）做成的古扇，更容易變成妖怪。

棘琵琶

這個食玩棘琵琶拉著古箏妖怪，姿態煞是有趣。過去琵琶法師彈奏曲子獻給土地神，能夠保護家宅平安，但如果彈奏不和諧的曲調，卻可能招來妖怪，使家運衰微。

琵琶起源於波斯，有二千年以上的歷史，中國唐代以前，統稱所有的「彈撥樂器」為琵琶，漢朝、唐朝為興盛期，大約在奈良時期傳入日本。日本雅樂使用的琵琶稱為「樂琵琶」，又有盲僧琵琶（宗教音樂）、薩摩琵琶（武家音樂）、筑前琵琶、平家琵琶等等。後者是演奏「平家物語」的琵琶（稱為「平曲」），始於鎌倉時代的盲人僧侶，室町時代是全盛期，江戶時代因為「三味線」（樂器名）的取代而衰微，幸好幕府致力保存。

▶淺沓

最早由奈良時代的「烏皮鞋」演變而來，以木頭做成，外表塗上黑漆，是古代四、五品以上的朝臣平常穿的鞋子。根據荒俣宏的說明，由於貴族在雨天、雪天和儀式祭典時，常改穿保暖性強、且更正式的「深沓」，因此淺沓心有不滿，變成了妖怪，不但會吃人，還會撕破衣裳，造成宮中的恐慌。

◀鍋坊主

吃食生鮮食物，容易發生腸胃病，史前人類會使用火之後，便製造了鍋子以煮熟食物，延長性命，因此鍋子是人類最早的食器之一。傳說女巫、巫婆的魔法鍋具有魔力，上古人類也常用鍋子來進行咒術。據荒俣宏考證：祭典巡行時，若把鍋子頂在頭上，就不會受到神的處罰。如果用高級的鍋子煮粗糙的食品，就會出現這種妖怪，把人的靈魂吊在鍋子上煮熟，所以千萬別這麼做啊！

▶隱藏：檢非違使

檢非違使是古代的警察，象徵國家的權力，描繪他被鬼魂追得狼狽倒地，大概是原型師的諷刺吧，畢竟人力再強，也是有時而窮啊！

▶五德怪

陰陽道中的「五德」，指的是金、木、水、火、土。這種怪物有三隻眼、雙叉尾、噴火口，又像是「丑時參拜」的女鬼，頭上戴著鐵環和火焰。鳥山石燕曾畫過「五德貓」妖怪；無獨有偶的，中國也有「貓五德」的笑話。有個老和尚譏笑自己的貓：「見了老鼠不捕，是仁；把食物讓給老鼠，是義；一請客就出現，是禮；藏的食物都能找到，是智；冬天都躲在壁爐邊，是信。」只是不知道這個笑談，跟這隻妖怪有沒有關係？

「陰陽妖怪繪札」陰之卷、陽之卷的圖像，多取材自土佐光信的「百鬼夜行繪卷」，以及江戶鬼才畫家河鍋曉齋的「曉齋百鬼畫談」。

「百鬼夜行」的傳說，散見於日本中世紀文獻——在黑雲詭奇的闇深夜裡，異形異類的妖魔鬼怪，集結成群出外遊蕩，生人若近，災禍隨之……。許多百鬼夜行的妖怪，都是武器變成的，因為帶著血腥、殺伐之氣，更容易被妖魔附身，荒俣宏在「陰陽妖怪繪札」裡，做了不少詳細解說。

《今昔物語集》有兩個百鬼夜行的知名例子：一是大陰陽師安倍晴明，年少時在賀茂忠行門下習業，某天隨侍出門，卻發現前方正有百鬼夜行，趕忙通知師父布陣，救了大夥兒一命，從此忠行對晴明刮目相看，更加用力栽培。

另一個故事是敘述延喜年間，右大臣之子藤原常行不顧勸阻，夜間出門約會佳人，卻在京都的二條大路上，撞見了百鬼夜行。常行躲進神泉苑（也是沙門空海奉旨求雨之處），卻忍不住好奇心偷看，被鬼怪發現了蹤跡。就在這千鈞一髮之時，乳母縫在他衣襟內的「尊勝陀羅尼」護符，讓怪物恐懼退避，意外地救了他一命。

古代日本的百鬼夜行之事，眾人言之鑿鑿。但我想，或許百鬼夜行只是一種象徵，隱喻人類脫佚不羈的思緒，對生死追尋的大哉問，對現世的無奈與批判，對自然的威脅與恐懼，對天地的權力展示，最後回到控制的原慾。

所以，圖看百「鬼」夜行，其實是臨水照人，映出自身。

陰陽妖怪繪札・陰之卷

▶ **大蟻**

看過高高隆起的蟻穴嗎？那裡面也潛藏著妖怪啊！大蟻就是住在古墳旁蟻塚的怪物，手上舉著古代除魔用的槌子，作為詛咒的工具，千萬小心不要碰到它！

◀ **熊手**

是古時候用來引導靈魂，抵達神明之處的宗教道具，但是由於前端呈彎勾月形，也可以當成武器，但它嘗過人血的味道後，就搖身一變成為怪物了，小心不要把頭伸到它前方啊！

▶ **払子**

以美麗的白鹿獸毛做成，是僧侶用來驅趕蒼蠅及除魔的道具（可真好用！），但因為過於陳舊而被拋棄，化身為憤怒的妖怪，會詛咒人直到渾身出疹、發狂而死，是報復心很強的怪物。

◀ **矛担**

矛這種兵器極為古老，長長的竿子上有著刀刃，古代日本也把它當成祭神的道具。但是後來盛行騎馬戰時，卻沒有刀來得好用，漸漸遭到淘汰，因此變成了妖怪。

■「陰陽妖怪繪札」的模型有陽之卷 12 種、陰之卷 13 種；另有繪札卡片 54 種、讀札卡片 54 種，後來又出版了「陰陽妖怪形代」，模型幾乎相同，只是以轉蛋形式發行，並少了隱藏版的「氣壓女」。

▶鳥兜

鳥兜是日本舞者頭上戴著，金光錦繡、鳳凰形狀的帽子。它也是一種劇烈的毒草，中國稱之為「附子」，歷史上曾被皇帝用來賜死過許多皇族大臣。得到鳥兜的人，能像天女一樣舞姿曼妙；但若具有邪惡之心，便會變成妖怪「鵺」，害死聽到它叫聲的人。

▶靴

這是遭武士遺棄的靴子變成的妖怪。常在百鬼夜行的行列中，手持青幡旗，走在前面威嚇敵方，因為和武鬥、戰爭有關，因此對血特別飢渴，千萬不要惹上它。

▶八乙女

八乙女是鎮護死靈的巫女，在祭典上身著白衣、搖著鈴鐺，舞著安撫神明的神樂。它美妙的鈴聲，可以把靈魂從人口中引出來，所以聽到鈴聲時，千萬注意不要張開嘴巴啊～～

▶蟇怪

「蟇」這個字同「蟆」，蟇怪就是癩蛤蟆妖怪。蟾蜍自古為「五毒」（蛇、蠍、蜈蚣、蜥蜴、癩蛤蟆）之一，是巫師魔法鍋不可或缺的材料。（只為了提煉魔藥，蛤蟆何辜？）蟇怪可以呼出毒氣、吞吃天下毒蟲。在百鬼夜行的行列中，相當於一位引路者，牽引著魔王的牛車，所到之處噴出毒液，是一種相當恐怖的妖怪。

▶ **戟魔**

戟出現於中國殷商時代，在槍旁邊橫出一片刀刃，同時具有槍的戳刺和刀的勾傷功能，在武鬥中破壞力很強。在靜悄悄的京都夜路上，遇見戟魔就會滲出點點血跡，小心不要沿著有血跡的道路走啊！

▶ **鰐口**

一種金屬製的鳴器，垂掛在寺廟入口、拜殿前方，形狀扁圓中空、下方裂縫，信徒參拜前，會先敲打出聲，以告知神明來意。荒俣宏說，它因為音質輸給了木魚和五十鈴，氣不過就變成妖怪，還會嚙咬人，這種性格實在是要不得啊！

▶ **杖入道**

這是由和尚變成的妖怪，因為受不了雲遊四方、四處化緣的辛勞，忍不住破了宗教戒律，結果變成妖怪。它的法杖具有魔力，順著指示的方向前進，可能會發現水脈或礦脈，但也可能走向地獄。原型師五島純在這裡，主要參考了「青坊主」的圖而做成。

▶ **隱藏：氣壓女**

造型總指揮竹谷隆之解釋，這個設計是孩子看到妖怪，覺得很有趣、戀戀不捨的還想再看；反觀母親卻是嚇壞了，趕快拉著孩子逃命，並且大叫：「好可怕呀！」天真與世故的兩相對照，令人莞然。

▶ **隱藏：魂消男**

看到妖怪，嚇得魂不附體的男人。

天才畫鬼：河鍋曉齋（1831~1889）

曉齋生於下總國古河（今茨城縣古河市）的藩士之家，因為從小喜歡繪畫，雙親在他七歲時，就帶他投入浮世繪名師歌川國芳的門下。十九世紀的日本，浮世繪畫壇幾乎全是「歌川派」的天下，是流傳最久、勢力最大的門派。歌川派的初代始祖——豐春，是鳥山石燕的弟子，掌門地位由豐國、國芳接續繼承，曉齋可以說是石燕之後的第五代，從狩野元信以來一脈相承。曉齋生性狂狷，在幕末曾因繪畫諷刺政治，入獄三次，到了明治時期也不見容於當局，再度被捕。

河鍋曉齋繪畫的三大特點，是「嘲笑」、「諷刺」與「超自然」。他是歌川派的入室弟子，同時也學習狩野派和葛飾北齋的長處，對於解剖學的原理、人體骨骼的躍動極為用心，深得其中精髓。明治年間來訪日本的英國畫家，對曉齋的寫生能力大為嘆服。沒錯，曉齋彷彿能直視不可視之存在，擷取物體一秒之印象，活靈活現描繪出聖、俗、神、魔。

在他的作品中，印象最深刻的是他晚年的「幽靈圖」（請見頁25）。這是幅令人難以忘懷的圖像，高聳的掛軸在視覺上，抽長了幽靈的形體，微吐的舌頭、突出的眼珠令人戰慄。但真正恐怖的不是外表，而是一種直透紙背的森森陰氣，彷彿吹來一股飄渺寒風，凍進觀看者的背脊。有人說曉齋本身就帶著鬼氣，他所詮釋的淒怨幽靈，更襯托了這位江戶「最後的妖怪繪師」之名，「畫鬼」稱號，當之凜然。

江戶妖怪博物學

江戶時期，妖怪繪卷如同小說物語一般，在經濟繁榮的背景下興起。不同於文學的，是繪卷成為一種「怪奇圖鑑」，大眾透過繪畫，廣泛的認識妖怪形像，並隨之接受一整套民俗傳奇體系。

降雨小僧：頭上戴著破雨傘，手裡提著燈籠，在雨夜出沒的兒童妖怪。食玩請見頁121。

十八世紀，正是日本博物學興起的時代，也是世界地理大探索後，西方強國雄圖擴張的世紀。當時江戶盛行舉辦「物產會」、「名物學」，人們對知識的探索，從純粹的文獻研究，轉向多樣化的「新發現」、「新自然」、「新幻想」和「新領域」，此時的妖怪戲劇、玩具、繪畫，也變得更加商品和娛樂化，成為重要的休閒材料。

浮世繪的流行，讓市民由純文字的邏輯系統，轉向直覺的視覺感官。大眾對於自然科

木魚達摩：達摩大師的木魚，長出手腳，變成妖怪。食玩請見頁125。

學的研究，希望要納入「客觀實際」的自然，也要加入「主觀幻想」的自然。這一股「博物學」的熱潮，反映了日本人對異世界的新觀點，甚至是對外擴張的潛在意識。

江戶時期，狩野派畫師鳥山石燕（1712~1788）的「畫圖百鬼夜行」，是妖怪繪卷的畫龍點睛名作。過去日本民眾對妖怪，如同在黑暗中瞎子摸象，各自摸索著象腳、象耳或象身，相差十萬八千里，沒有一致的看法。

但是「畫圖百鬼夜行」系列的每一冊頁，都介紹了一至二種妖怪，並仿照博物誌般的百科事典，在介紹妖怪上，比長篇的繪卷、或單幅的浮世繪，更加清楚明晰、一目了然。從此民眾就像閱讀「妖怪教科書」，對鬼怪的表象與視覺，有了定型化、常識化的共同認知，趨近於一種知識性的追求，滿足了廣大江戶子的好奇心，心態上是輕鬆的。

除了鳥山石燕之外，「畫狂」葛飾北齋（1760~1849）豐沛的想像力也表現在妖怪創作上。他三十五歲前的作品「新版浮繪化物屋舖百物語之圖」，利用西方的透視畫法，展現爆發式的筆力，活躍的妖怪動態，諷刺的反映了幕府邁向崩壞的衰頹，以及社會躁動的不安。北齋對世相的觀察與描繪，鮮明的翻騰於浮世浪花之上，難怪百年後，被國際稱頌為幻想大師。

除了博物誌式的妖怪繪卷，剛才提過的許多怪談，也常常搭配浮世繪插畫，增加了故事的可讀性。例如《雨月物語》就有葛飾北齋捉刀；《南總里見八犬傳》、《東海道四谷怪談》，也

肉面怪（左）、文福茶釜（右），食玩請見頁122、125。

「新版浮繪化物屋舖百物語之圖」展現活躍的妖怪動態，既諷刺又反映時事。葛飾北齋繪。

由浮世繪畫派「歌川派」掌筆（曲亭馬琴對插圖亦熱心參與意見），加強了閱讀的可親性與普及度，喚起市井小民對山野故鄉的懷念，以及深藏於心中的恐怖鄉愁。

幕府晚期出現的「曉齋百鬼畫談」，作者河鍋曉齋在妖鬼的種類與選擇上，受到土佐光信強烈的影響。卷首由曉齋擅長的骷髏軍團和妖怪軍團對戰開始，一幕幕鬼物行列的畫面，如行雲流水般自然，飽含著魔界的活力，同樣是百鬼夜行，光信和曉齋的技法各擅千秋。

河鍋曉齋似乎天生就對奇異、不可解的事物有興趣，平常人避之唯恐不及之事，他卻深受吸引。最著名的就是他年僅九歲時，曾在江戶的

骷髏軍團和妖怪軍團對戰圖。河鍋曉齋「曉齋百鬼畫談」。

御茶水河邊，素描漂流的人頭，這種異於常人的行徑，揭示了他創下妖怪畫高峰的預言。（作家芥川龍之介的名作〈地獄變〉，敘述畫師良秀為精進畫藝，曾在路邊若無其事的素描屍體，或許這個創意與河鍋曉齋的軼事有關？）

多年後，「曉齋百鬼畫談」被藝術史家譽為「妖怪繪卷的總大成」，畫家這一不思議的行徑，終於獲得了大眾的理解與認同。

近年，曉齋的藝術地位備受肯定，不但美術史家迭有佳論，一九九三年在大英博物館展出時亦大受讚賞；又因為畫風與現代漫畫相近，容易被大眾接受，許多作品也被海外蒐購珍藏。

妖怪根付—陰之卷・陽之卷

「根付」是一種掌心可握的小雕刻，日本人常以小繩繫之，以作為物品的裝飾。

這一組「妖怪根付」原畫，多半出自鳥山石燕的作品（也因此，個人在對比古代繪卷與現代食玩時頗有樂趣，也深感更能洞悉原型師的功力），他的畫作之所以大受歡迎，或許是來自各地的江戶市民，雖然過著打拼奮鬥、及時行樂的日子，卻常也在酒醒時，懷念起過去的圍爐夜談，或是老婆婆的山野傳奇，而願意以此為收藏吧。

這套「妖怪根付」，是日本知名的模型造型集團「海洋堂」，早期推出的相關主題食玩，並邀請著名的妖怪專家多田克己解說，更加深了其收藏價值。其中許多怪物大有來頭，頻繁出現在傳說與歷史中，是群具代表性的日本鬼怪。這裡除了參考多田克己的解釋，還補充了多本妖怪書籍與辭典之說；另外，前面「陰陽妖怪繪札」中陰之卷的付喪神資料較少，參考了荒俣宏的原解說，在此一併致謝。

▶陰一．鐵鼠

這種石身、鐵齒的老鼠，是平安時代三井寺的高僧賴豪阿闍梨的怨靈。白河天皇請他為皇子的平安降生祈禱，皇子出生之後，賴豪希望天皇有所賞賜，但敵對的比叡山延曆寺卻橫加阻撓，賴豪十分氣憤，在百日內絕食而亡，率領八萬四千隻老鼠大軍，攻擊比叡山。

◀陰三．天狗

棲息在深山之中，可以飛翔空中，鼻子非常高，並且可以自由伸縮，手中拿著扇子能夠呼風喚雨。背上的翅膀像鳶或老鷹，會施展幻術，許多人入山見到的怪異現象，都是天狗變化出來的，是日本人非常敬畏的妖怪。

▶陰二．青坊主

全身青色的巨大獨眼和尚，有一雙大腳，因為走了太多路，而變成扁平足。這是寺廟中偷懶的和尚變成的，死後仍必須敲擊木魚，繼續修行。如果小孩在夕陽下山後，還逗留在山裡玩，就會被青坊主抓到洞窟去說教。

◀陰四．降雨小僧

頭上戴著破雨傘，手裡提著燈籠，在雨夜出沒的兒童妖怪。小僧是雨神的侍童，會幫助雨神降下雨水，常穿著有梅花圖案的和服出現。

發行：Furuta 製果
原型製作：海洋堂
原型師：竹谷隆之
妖怪解說：多田克己
種類：彩色 25 種＋
　　　紅色 25 種
尺寸：高約 3~4 公分
日期：2001 年 8 月

▶陰五．餓鬼

佛教認為，人類生前如果作惡多端，就可能墜入「餓鬼道」，生活在地獄裡。被餓鬼纏身，會喜歡吃腐爛、惡臭的東西，它的身體雖然瘦，下腹部卻異樣膨大，因為食道像針一樣細，所以永遠吃不飽，永遠喊著「好餓啊！好餓啊！」

▶陰七．肉面怪

《山海經》中的「刑天」挑戰黃帝，黃帝砍了它的頭，刑天便以乳為目、以臍為口，繼續揮著干戈跳舞。肉面怪的四肢短小，全身像一個肉塊，臉龐和身體幾乎沒有區分，身體上有眼睛、鼻子、嘴巴，常出現在墳場或廢棄寺廟之中。

▶陰六．般若

般若是梵文「Prajina」，在佛教中指「法界實相的大智慧」。謠曲「葵之上」中，光源氏的情婦六條御息所，化成生靈迫害葵之上，僧侶為了保護她，便拼命頌念〈般若經〉，生靈苦惱的說：「好害怕般若經啊！」後來，能劇便以「般若」稱呼鬼女面具。也有人說，因為奈良般若坊的僧侶，首先製作這種面具，所以稱之。

▶陰八．蓬亂怪

這是一種全身惡臭、毛髮像雜草叢生的妖怪。躲藏在鳥居（寺廟大門）上方，守護神明，若是不信神佛的人經過，就會突然掉下來警告他。

▶陰九．**犬神**

有人說，這是巫師斬下餓狗的狗頭祭祀怨靈，就變成了犬神，使喚怨靈。它會幫主人盜取財寶，但也可能害人生病或死亡，犬神不如家犬順從，如果祭祀不如意，反而會報復主人。另一種說法，是修行百年以上的狗神，會濟弱扶傾、行俠仗義。兩種說法差距太大，可能分別是恨狗和愛狗的人提出的，就看您是哪一種囉？

◀陰十一．**鵺**

頭似猿猴、手腳像虎、尾巴似蛇、軀體像狸，叫聲像虎鶇。在《平家物語》、《源平盛衰記》中曾經記錄，黑夜有烏雲向京都御所襲來，僧侶連忙誦經驅魔，這時源賴政以返魔矢射中了怪物，結果「鵺」這種怪物便掉了下來。

▲陰十二．**叢原火**

又稱「宗原火」，也就是鬼火，炎熱的火焰中，男人的頭顱在其中漂浮著。以前在京都的壬生寺，有個叫做宗玄的惡僧，偷了廟裡的香油錢和蠟燭油，因此被地獄之業火燒燙。

▶陰十．**土蜘蛛**

在古繪卷「土蜘蛛草紙」中曾經出現，一種比人還大的蜘蛛妖怪。會在土中築巢捕捉人，也會變成法師或美女引誘路人。《平家物語》中，武士源賴光斬了土蜘蛛，一直追捕到奈良的葛城山。據說神武天皇抓過土蜘蛛，在葛城山還有土蜘蛛塚。其實這是在影射古代大和民族和原住民的鬥爭，大和人用「土蜘蛛」來蔑稱原住民，滅亡原住民之國，因此也傳說是他們的怨靈。

不朽的妖怪繪師：鳥山石燕（1712~1788）

鳥山石燕是天才浮世繪畫師——喜多川歌麿的老師。他所屬的狩野派，是日本藝術史上影響力極大的畫派，盛於室町中期到江戶末期（十五~十九世紀），開山始祖為室町時代的御用畫師狩野正信，門風縱橫畫壇達四百年之久。

鳥山生於世家，家境優渥，他隱居江戶根津地區（今東京都文京區）專事創作，沉湎於熱愛的妖怪題材。他流傳後世的妖怪繪作，依刊印順序為以下四部：「畫圖百鬼夜行」（1776）三卷、「今昔畫圖續百鬼」（1779）三卷、「今昔百鬼拾遺」（1781）三卷、「百器徒然袋」（1784）三卷，總共描繪二百多種妖怪，十分受到江戶市民的歡迎。

鳥山家學淵源，十分博學，不但愛好妖怪題材，對文學藝術，例如中國典籍、書畫、謠曲、物語、怪談、狂歌、歌舞伎、淨琉璃、佛教經文集也頗有涉獵。

他曾經自述「畫圖百鬼夜行」，是受到中國《山海經》和畫師狩野元信「妖怪圖卷」之影響。展現的妖異題材，包含了中國（如倩女幽魂、白澤）與日本民間傳說、和歌、軍紀物語、近代怪談、浮世草子、本草書及博物學書等。奇想天外與奔放自在的想像力，被譽為「不朽的名作」，連近代妖怪大師水木茂也深受影響。

▶陽一．文福茶釜

是茂林寺的千年狸精，會化身為茶釜。群馬縣館林市的寺裡，有位老和尚守鶴，擁有一個茶釜，無論倒出多少，釜裡的水都不會減少。有一天守鶴午睡時，住持發現他的手腳長出毛，屁股也露出一條大尾巴，守鶴只好承認自己是狸，並且快速離去，算一算，他在寺裡已經住了一百六十多年。

◀陽三．天井嘗

住在人的家中，用長長的舌頭舔天井的妖怪。因為江戶時期火災頻傳，人民普遍恐懼火災，因此產生這種幻想怪物。一但聞到天井有異味，害怕火苗會冒出來，這時希望天井嘗可以出現，伸出舌頭一口一口的舔天井，把幻想的火種吃掉。

▶陽二．木魚達摩

木魚是和尚修行不可缺的器具。達摩大師在嵩山少林寺修行九年，每日面壁坐禪，但是他得道之後，並沒有帶走伴他修行的木魚，因此它長出手腳，變成了長得像達摩大師的妖怪。

◀陽四．河童

日本的代表性妖怪，出沒在全國河海湖水邊。頭上頂著水盆、盆邊有毛髮、背上有龜甲，會惡作劇讓人溺水，或者吃掉人的內臟。

▶陽五・豆腐小僧

頭戴斗笠，手上拿著豆腐盆子的兒童妖怪。據說父親是妖怪的總大將——見越入道，母親是轆轤首，常在江戶至明治時期的滑稽本登場，近年也很受歡迎。

▶陽六・小豆洗

常常在河川旁邊洗豆子的爺爺妖怪，如果深夜在河邊聽見奇怪的聲音，往往是小豆洗搞的鬼，是日本常見的妖怪。

▶陽七・鬼

日本的代表性妖怪，頭上有兩角、嘴巴很大、眼睛凸出、腰上繫著虎皮裙。鬼的種類很多，除了一般說人死了就是鬼，也有地獄的獄卒、襲擊旅人的山鬼、或造成疫病流行的疫鬼。

▶陽八・胡混老

神出鬼沒，有著異樣大頭的爺爺妖怪，是妖怪界的大老，常常幫忙調停妖界的糾紛。一但進到了別人家裡，就大搖大擺、賴著不走，猛吃猛喝、盡情享受，讓人手足無措。

▶陽九・二口女

正面看起來是個美女、賢妻，但是後腦杓有張大嘴巴，對所有食物全都來者不拒。以前在千葉地方有個繼母，虐待前妻的小孩，讓他們餓死，因此孩子的幽靈附在她身上，變成了「人面瘡」，也是一種毒瘡。

▶陽十·貓又

被拋棄的老貓，把芋葉放在頭上，便變成了妖怪。它的尾巴分成兩叉，平時會藏起來以免被發現。是棲息在山中的妖獸，卻也可以變成美麗的賢妻，會殺死人類、襲擊家畜。

▶陽十二·白澤

白澤是中國的靈獸，傳說黃帝有一次登上桓山，遇見了白澤，這隻神獸通人語、非常聰明，它說天下有一一五二〇種妖怪，黃帝還沒有它清楚呢！於是黃帝派人把它所說的一一記錄下來，據說這「白澤圖」是世界最早的妖怪圖鑑，從此黃帝要管理就非常容易了。如果君主有德，白澤才會在人世間出現。

▶陽十一·鎌鼬

前腳像鐮刀的黃鼠狼妖怪，會化身為小型的旋風，傷害鄉間小路的行人，如果被割傷了，往往深可見骨，但特徵是一滴血都不會流。

▶陽十三·閻魔大王

就是閻羅王，也是地獄之王，支配人死之後的世界。根據佛教傳說，祂主宰地獄的第五殿，這裡有「望鄉台」，能讓亡者再看一次死後的家鄉；還有「孽鏡台」，照出人生前的一切因果業報，讓亡者不得不服。

漁師的幻想：原型師竹谷隆之

竹谷隆之於一九六三年生於北海道，以製作立體妖怪聞名，第一件妖怪作品是「狂骨」（一隻從井中冒出的白骨妖怪，出自鳥山石燕「今昔百鬼拾遺」），代表作有「百鬼夜行」系列，曾經出版作品集《漁師的角度》，收錄妖怪與神明等作品，是位以興趣為本位的原型師。

竹谷以真摯的眼神觀察異世界，從小愛玩黏土、畫宇宙超人和假面騎士，自阿佐谷美術專門學校畢業之後，便在模型專門誌工作。一九八六年離職開始原型師生涯，擔任過SF的立體企劃、電影的美術製作，目前開設個人工作室。

竹谷與海洋堂合作一系列妖怪食玩，一般是海洋堂先提出方向，再由他選擇製作的角色。竹谷認為，製作虛構、不存在的事物，最大的挑戰是如何讓它生動靈活。他往往先設身處境的思考：「它在想什麼？」「它要做什麼？」才決定下一步動作，如果可參考的繪卷不夠具象，就必須加入自己的想像，這也是最大的考驗。

他製作妖怪原型，最短三天就可以完成，最長卻可能要拖到兩個禮拜。大量接觸妖怪之後，竹谷對這些「非人類」產生了奇異的親近感，現在他不愛製作英雄或怪獸，反而喜歡妖怪，這是未曾料到之事啊！

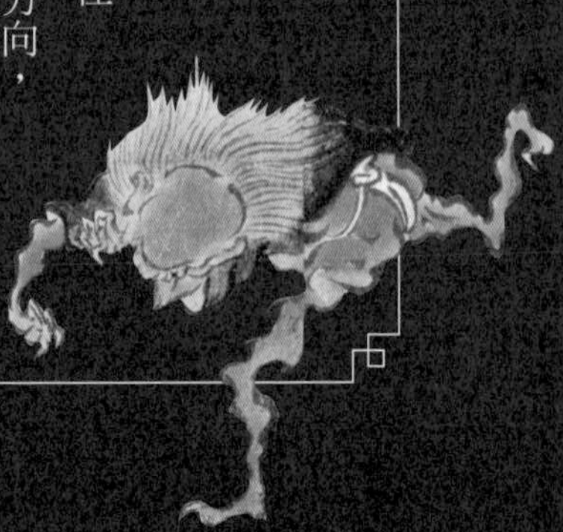

貌若天仙、心腸狠毒的繼母「二口女」。竹原春泉齋「繪本百物語」。食玩請見頁126。

物之哀與女性悲嘆

失戀人沉賀茂川，蟬蛻為水底青鬼，
吾似急流中螢火，魂消氣滅留餘燼，
頭戴三腳鐵環火，焰焰燃燒赤女鬼……

君何以始亂終棄，君何以始亂終棄，
吾終日以淚洗面，滴滴成千仇萬恨，
時而戀慕吾夫君，時而怨歎吾夫君……

——謠曲〈鐵輪〉1

這是能樂〈鐵輪〉中，身穿紅衣、面上塗朱、頭戴三腳鐵環火，在半夜時赤腳走向貴船神社，詛咒變心情人之女鬼的唱詞。

自己所畫的幽靈自紙面躍出，怎不令人驚駭？月岡芳年繪。

看過這樣恨愛交纏，墜落地獄的怨情後，久久不能忘懷這女子的哀思。

談起幽靈，想起的可能是陰森、悽慘、執著、殘虐……。

透明的殘影下，隱藏著千言萬語。只要是有血有肉之人，聽了它們娓娓傾訴的遭遇，恐怕都會輾轉反側，再難成眠。

近代日本有「五大幽靈」——「四谷怪談」的阿岩、「累之淵」的阿累、「番町皿屋敷」的阿菊、「牡丹燈籠」的阿露，以及前面提過的「平家一門」。

其中阿岩、阿累、阿菊號稱「三大平民幽靈」，是家喻戶曉的女性厲鬼；只有阿露源自中國古典小說，也是最為美貌豔情的一位。

三大平民幽靈，均緣起於真人實事，自新聞小報披露、街談巷議沸騰、民間設廟祭祀後，經歷數十年的淘洗，終於成為文學、戲曲取材的對象。江戶時期流行的戲劇「歌舞伎」和人形劇「淨琉璃」，更扮演了催化的角色。最有名的代表作，就是四世鶴屋

註一：出自茂呂美耶所翻譯之「能樂・鐵輪」版本，請見 http://miya.or.tv/heian/frame.html，有全劇翻譯。

「四谷怪談」一九二七年的電影海報。

南北（1755~1829）的歌舞伎劇本《東海道四谷怪談》（1825）。

江戶怪談經過創作者的去蕪存菁、昇華演繹，大量刊行書報、搬上舞台，在都市化急速擴張及高密度人口的支撐下，變成自體繁衍的巨大族群，不斷增生、蠕動、發酵著。當時有各種貧富差距、男女不平、婚姻桎梏、社會壓抑、公道不彰的問題，人民對現實既然無能為力，便轉而投向頹廢的事物，渴求狂野獵奇的刺激。這種不滿的妄想投射，變成了妖怪化育的沃土，脫佚的人心正是魔物活躍的舞台。

想要掀開布簾，一起來聽聽它們的故事嗎？可要壓緊膽子和魂兒，別在散場之後找不到了——

四谷怪談——江戶第一醜女阿岩

阿岩是日本怪談當中，最醜陋的民間女子。她的皮膚泛青、頭髮捲曲、駝背彎腰，尤其眼睛有個下垂的大膿包，最是觸目。雖然她的心和你我一般無異，但恐怖的長相，將她推向了悲劇人生。

阿岩的故事分為兩大版本，一是加油添醋的民間傳說，一是公演的歌舞伎劇本。但兩者差異不大，都是小康之家的醜女，遭到丈夫欺騙拋棄，化為鬼魂報仇的故事。只是戲曲為了加強效果，讓她由美女變醜怪，丈夫的毒手更辣，而阿岩的報復也更熾烈。

據說，「四谷怪談」是發生於江戶貞享至元祿年間（1684~1704）的真人實事，一七二七年的《四谷雜談集》詳細記載始末，歷年來有不少添寫改編，包含曲亭馬琴的《勸善常世物語》等。根據阿岩家族——田宮家的記事，真正的阿岩死於一六三六年，本來的情節和現代也頗有差異，但是今傳的版本顯然更為人所聞。一百多年後，四世鶴屋南北寫作《東海道四谷怪談》劇本，除了參考原

「四谷怪談」緣起於真人實事，是典型日本式憎恨。落合芳幾繪。

一 江戶第一醜女阿岩的冤屈與復仇，引起了廣大的同情。三代歌川豐國繪。

事件，還加入了轟動一時的案件——有位旗本（官名，將軍直屬家臣）的小妾和男僕私通，兩人被私刑處死，釘在門板上，丟進河裡。

一八二五年，四世鶴屋南北的歌舞伎劇本，在江戶的中村座（戲院名）首演時大為轟動，扮演阿岩的演員三世菊五郎悽慘逼真，把觀眾全嚇壞了，「四谷怪談」從此成為最具代表性的日本幽靈故事。如今每年夏天仍會上演相關作品，公演前也必定先祭拜慰靈，否則作祟傳言不斷，到如今可沒人敢得罪阿岩。

【歌舞伎版本】

以前，江戶的老武士四谷左門，有個美麗的女兒阿岩。某天，四谷左門在淺草後方的田地無故被殺害，兇手卻逃逸無蹤，浪人伊右衛門自告奮勇要幫阿岩報仇，她十分感動，兩人遂結為夫妻，伊右衛門繼承了岳父職位，但其實他正是殺人兇手。

婚後，伊右衛門經常暴力相向，阿岩只能忍氣吞聲。他是個心術不正之人，榨乾了妻子的好處後，又看上鄰居喜兵衛的姪女阿梅。為了除去擋路的石頭，伊右衛門騙阿岩喝下毒藥，她雖然大難不死，卻因為毒物侵害，變得比妖怪還醜陋，人人看了都尖叫逃避。

阿岩得知事件的真相，與夫君的野心，

一氣之下割喉自殺（還有一個版本是她梳髮時，因為鬱結憤怒、胸悶氣死），伊右衛門卻誣陷僕人小平是奸夫，並將小平折磨致死，把兩人的屍體釘在門板上，丟進河裡毀屍滅跡。

但是他沒料到，自己殘忍的手段正是厄運的開始。娶親當天，他被惡鬼附身，砍了喜兵衛和新婚妻子的頭。躲到河邊去釣魚，又撈到釘屍體的門板，被怨魂無休止的糾纏。經歷一連串恐怖遭遇，伊右衛門發了瘋，惡貫滿盈的死去。

【民間傳說版本】

話說元祿年間，東京的四谷地區住著一位御家人（下層武士）田宮又左衛門，女兒阿岩因為染患天花，幾乎毀容，醜得令人不敢正視。浪人伊右衛門來到此地，看上田宮家的門第，再加上媒人花言巧語，便與阿岩成親，繼承她父親的職務。

伊右衛門是一位美男子，起初看在錢的面上，勉強虛與委蛇，但是他內心其實很討厭這個醜妻。此時他的上司伊東喜兵衛，想拋棄小妾阿花，看上了這個部下，撮使伊右衛門離婚、與阿花再婚，並承諾給他一筆錢。

對伊右衛門來說，這是一石二鳥之計，他樂得笑逐顏開，不但花天酒地、痛毆妻子，並且滯外不歸。傷心的阿岩被迫

「四谷怪談」是最具代表性的日本幽靈故事，經常被搬上舞台。月岡芳年「新形三十六怪撰」。

離婚，伊右衛門則得償所願，與阿花雙宿雙飛，並陸續生下四個小孩（老大阿染是接收自喜兵衛的骨肉）。阿岩得知真相之後，痛恨得幾乎發狂，沒人知道她去了哪裡，後來人們把那個地方叫做「鬼橫町」。

時光飛逝，十多年後的中元節，伊右衛門家出現了阿岩的冤魂，看見她「叩、叩……」敲門，連聲呼喚著：「伊右衛門、伊右衛門、伊右衛門……」。他本來不以為意，但是么女阿菊、次男鐵之助、長男權八郎一一么亡，連阿花都去見了閻羅王。

他四處奔走求助，法師說這是阿岩冤魂作祟，卻拿不出辦法來。鬱鬱寡歡的他只好讓阿染招贅，某天伊右衛門發生意外，摔下屋頂，傷口膿血濁臭，竟跑出十多隻大老鼠來攻擊，當人們發現時，他已經被吃掉了一部分。最後，年紀輕輕的阿染也無故死去，招贅夫婿成了瘋子，一家人全被鬼魂咒殺，伊右衛門苦心謀奪的財產，也一概付諸流水。當地人都說，這裡是「鬼屋」，為了安撫怨靈，集資蓋了「阿岩稻荷田宮神社」，在今天東京的新宿地區。

阿岩的冤屈與復仇，是典型的日本式憎恨，引起了廣大的同情。對人民情緒的催動與暗示，更像水淵般深不可測，這也是口傳文學的恐怖之處。

番町皿屋敷——數盤子的美女阿菊

以前，有井水的地方就有「阿菊」，她是無數悲運的化身，幾乎像河童一樣普及。雖然她的故事很分歧，但不同的版本，基本上都是遭受虐待、打破盤子的可憐婢女；以及女孩慘遭屠殺、丟進井裡（或者投井自殺），鬼魂仍在數盤子：「一個、兩個、三個……」，然後數到第九個，又從頭數起的悲劇。

遭受虐待、打破盤子的可憐婢女阿菊，有著日本怪談揮之不去的濃濃哀嘆之味。出自《西播怪談實記》。

就像中國常叫婢女「春梅」一樣，「阿菊」也是日本常見的名字，在怪談中出現的次數尤其多。除了「番町皿屋敷」之外；「四谷怪談」伊右衛門的么女；「累之淵」被附身的村姑；以及古人常稱呼姓名不詳的女子，都叫「阿菊」。

這不是一種巧合，民俗學者宮田登提醒我們，日語「菊」（kiku）的念法，正如同「聽說」（kiku）。在男尊女卑的社會裡，下級階層的美女，常常被賣入歡場或淪為奴婢，若是遇上好色無情的主人、或嫉妒殘忍的主婦（這是正常際遇），就像羊入虎口、落花堪憐，連油麻菜籽都不如。

民眾對這個名字，之所以有著深刻的共鳴，或許也因為它在悠悠歲月中，背負了太多庶民的言靈吧？

雖然在不同版本中，阿菊的死亡形式有差異——有武士因造反被發現而殺害她、有主人因愛戀不得而陷害她、有妻子因丈夫移情而凌虐她，甚至有阿菊自慚形穢，為愛犧牲，以圖自殺被殺……

這些似曾相識的群相，背後隱藏的，恐怕都接近真實。謠言不是空穴來風，反映的是人民對官員富豪的反感，民間甚至還編唱流傳著「數盤子之歌」。而阿菊之所以「投井」則是因為，「井」是最靠近家戶的水潭，連繫著深不可測的陰間。

女僕的命案並非無端推論，社會事件可以佐證：江戶時期的《久夢日記》(1681)，記載了旗本大久保彥六家，女僕總管投井變成幽靈。《當世智惠鑑》(1712)則提到旗本福部家出現女傭鬼魂。慶安五年（1652）有女僕打破盤子，被切斷了十指丟進井裡，當地的常仙寺仍收藏著「菊女之皿」。著名文學家井原西鶴的《近年諸國咄》，也留下相關隨筆。

「番町皿屋敷」的美女阿菊，是無數下階層美女悲運的化身。月岡芳年「新形三十六怪撰」。

而舞台上的阿菊，則誕生於享保年間。京都的歌舞伎狂言「播州評判錦皿九枚館」（1720）（播州在今兵庫縣），寬保元年（1741）大阪的淨琉璃劇「播州皿屋舖」，都風靡了許多觀眾，演變為最知名的「播州姬路城」阿菊版本。

安政年間（1854~1860），姬路城中的「阿菊之井」飛出了「於菊蟲」，居民認為那是附身的妖蟲，現在已知那叫做「麝鳳蝶」，也是姬路市的市蝶。

而姬路城在一九九三年，被登錄為聯合國教科文組織的「世界文化遺產」，觀光客絡繹不絕，也都會去看看「阿菊之井」、附近的阿菊神社，她是全球知名度最高的日本女鬼。

然而我們相信，阿菊若能選擇，必定不願意因此聞名。

她寧願更平凡、更快樂，絕不是永無止境的，細數破碎的人生。

那悲哀的年代已過，然而跨越時空，我們彷彿仍然聽到，黑夜裡的懊惱、哭聲與嘆息……

現身寢室的鬼怪，多半是由屏風中竄出。鳥山石燕繪。

阿岩和阿菊的這兩個故事，都有著濃濃的「哀嘆」之味，這是日本怪談揮之不去的特點，呼應彼國傳統思想的核心，傳遞了「物之哀」的「悲嘆美學」。

而什麼是「物之哀」？又為什麼是「悲嘆美學」？

文學名著中，最能表達「物之哀」精髓的，正是平安王朝的《源氏物語》。該書中文版的翻譯者林文月，曾以《文心雕龍》的「人秉七情，應物斯感，感物吟志，莫非自然。」和《世說新語》之「太上忘情，最下不及情，情之所鍾，正在我輩。」來詮釋物之哀，就是「自然而發、情之所鍾」，是非常準確的說詞。

至於悲嘆，心理學家河合隼雄進一步解釋，它的另一面就是「恨」——「悲嘆」是因為過程突然停止，隱身而去所產生的情感；而「恨」則是希望永遠持續，對「消失」的一種反抗。河合隼雄認為，傳說中遺留下來的「恨」，表達了人民的活力。因為主流文化為了保有「虛無」和「悲嘆」，常常把女性當作犧牲品。為此而離去的女性，為了抵抗而留下「恨」，在民間更具有心理補償的作用。[2]

註二：河合隼雄（2004）：《日本人的傳說與心靈》，廣梅芳譯，台北：心靈工坊。

古典文學中常見的美女幽魂。池田蕉園繪。

所以我們會發現，怪談故事中女鬼的數量，壓倒性地比男鬼多，尤其是關於因果報應、痴情女魂、可憐女僕等等的作祟故事，許多都描述了男子無情或殘暴的情節，像是幽靈版的中國「陳世美」（強調男子拋棄糟糠妻、最後總會遭到報應）。

在不平等的社會中，對女子來說，丈夫是天、兒子是地，萬一被騙被棄，往往下場淒慘，所以民間召喚女幽靈，為廣大的女性同胞舒展怨氣，也具有調節情緒、釋放壓力的社會功能。一方面也在提醒女人，萬一真的遇到負心人，上天不至於袖手旁觀，否則還可以靠自己～～

再讀以下的故事，將有更深的體會：

累之淵——轉世輪迴的附身阿累

關東地區的鬼怒川，江水湍急，潛渦處處，自古就經常氾濫，有不少人溺死於河中，流傳許多不可思議的鬼話。

在這個陰森之地，距今三百多年前、江戶正保四年（1672），鬼怒川下游發生轟動全國的「羽生村幽靈附身事件」。

在下總國岡田郡的羽生村（今茨城縣水海道市羽生町），十四歲的村姑阿菊突然昏倒，口吐白沫，神態狂亂，宣稱她不是阿菊，而是二十六年前被父親謀殺的前妻阿累。

這個事件，揭發了前後六十年、兩代掩蓋多年的兩宗謀殺案。

原來阿累出生於一六一二年，是當地地主的女兒，因為相貌醜惡，性情又有些古怪，所以村民都不太喜歡她。她的丈夫是個農民，因為貧苦入贅到她家，繼承了岳父的名字，稱為（二世）與右衛門。雖然生活改善不少，但是對醜妻越看越不順眼，終於找了一個機會，把阿累溺殺在鬼怒川中。

那一天是一六四七年八月十一日，阿累只活了三十五歲。其實有數位村民，目擊了殺人過程，但是他們卻選擇沉默，

沒有對外告發，讓與右衛門輕鬆的逃過了官府制裁。

但是活罪雖免，冤死的阿累卻沒有饒過他。二十五年來，與右衛門前後娶了五任妻子，不是不明不白的去世，就是被作祟得趕緊逃離。一六七二年的一月四日，正月剛過，阿累便附身在第六任妻子所生的阿菊身上。與右衛門心虛，便跑到附近的法藏寺，請求和尚保護、驅魔，村人則群集在阿菊四周，目瞪口呆的聽著鬼魂爆料，還揪出了當年的目擊者。

有人證、還有鬼證，與右衛門只得流淚俯首，承認殺了阿累，殺人地點被稱為「累之淵」。等到阿菊恢復神智，悠悠醒來，她陳述眼見的阿累，顏面發黑、單眼腐爛、鼻子壓扁、滿臉疙瘩、手腳上縮，形體非常恐怖。

村人嘖嘖稱奇的離去，本來以為，怨靈騷動已經告一段落了。

沒想到一個多月後的二月二十六日，阿菊又被附身，這次長達一個多月，忽瘋忽傻、狂笑狂叫，被折騰得差點死去，還爆出了更驚人的內情。

原來阿累不是獨生女，她還有個同母異父的哥哥阿助，是母親阿杉的拖油瓶，長得很醜、並且有些智能不足。阿累的父親（一世）與右衛門很討厭他，矛盾的阿杉便痛下毒手，在一六一二年（阿

幽靈附身、冤魂作祟的阿累。歌川國芳繪。

阿累的怨靈。三代歌川豐國繪。

累出生的那一年）四月十九日，將六歲的阿助溺死在鬼怒川中。本來以為神不知鬼不覺，沒想到多年後鬼使神差，阿累也在同一地點被殺。

所以，阿累出生就長得醜，也是因為阿助的怨念。阿助、阿累死後都在陰間徘徊，冤屈的靈魂沒有超渡，更無法轉世投胎。與右衛門懺悔己罪，遁入空門；阿菊則在高僧佑天上人的驅魔後，得享天年，活到七十二歲。

現在法藏寺（距離「累之淵」路程僅五分鐘），還供奉著阿助、阿累、阿菊、佑天上人、和當時降魔的念珠，見證了這一樁慘案。

在江戶時期的幽靈附身事件中，阿累之事特別駭人聽聞，而且人、事、時、地、物俱全，乍看之下無法辯駁。不過這件事的真相，究竟是真有幽靈附身？還是正值敏感時期的少女阿菊，無意中發現父親的秘密，不自覺的發作了歇斯底里，藉由鬼魂說出真相？

沒人能確定。但是當時人民對「因果輪迴」深信不疑，這件事不但鞏固了業報觀念，也以驚人的速度流傳。文獻上最早的記載是《犬著聞集》（1682），但最知名的則是一六九〇年的《死靈解脫物語聞書》，相關解說鉅細靡遺，成為後世的重要參考。

一七三一年，阿累的故事首次搬上江戶的市村座；後來的劇本「名山累增我」（1734）、「累解脫蓮葉」（1739）、「下總國累物語」（1749）、「菊累解脫物語」（1749）……等，不下二、三十種，可見受歡迎的程度。在阿累的各式怪談中，藝術價值最高的，可能是活躍於幕末、明治時期的名落語家（說書家）——三遊亭圓朝（1839~1900）定稿的《真景累之淵》。從此，阿累的幽魂正式進入了藝術殿堂。

二十世紀之後，鬼怒川經過河川工程改造，有些地方已經不復當年面貌，但是「累之淵」的周遭，則仍然漂浮著陰森的灰影，讓人們回想起三百多年前的慘案。畢竟是老話一句：「天網恢恢、疏而不漏」，這是大多數庶民的願望，而也僅有這樣，悲慘的阿累與阿助，才能夠獲得最後的安息吧。

牡丹燈籠——為愛而死的千金阿露

「牡丹燈籠」原出自中國明代的《剪燈新話》之卷二〈牡丹燈記〉。

作者瞿佑先是收集了百年以內的民間傳說，編成四十卷的《剪燈錄》，他說這些故事：「皆可喜可悲，可驚可怪者。」然後再經改寫、創作為四卷的《剪燈新話》。可見這些故事是建立在一定的事實或傳說基礎上，並非全然憑空杜撰。可惜不知〈牡丹燈記〉的真實性，究竟到了什麼程度？

江戶寬文六年，淺井了意在《伽婢子》中，將這個故事改寫為「牡丹燈籠」，成為日本主要的參考版，上田秋成也改作過部分片段。明治時期又誕生了數個衍生版本，比較流行的是三遊亭圓朝的《怪談牡丹燈籠》（1861）和歌舞伎的「怪異談牡丹燈籠」（1892）。

以下按照寫作次序，介紹中日兩國的三個知名版本。

【剪燈新話版本】

元末明初庚子年，這一天適逢上元節，浙江明州住著一位姓喬的書生，由於妻子剛過世，因此情緒恍惚，無心賞燈，只是倚著門邊發呆。

三更過後，喬生突然看見一個丫鬟，提著美麗的牡丹燈，後面跟著一位國色天香的女子。喬生不覺心神蕩漾，急步上前攀談，兩人相談甚歡，邀請她們進家門，也並不拒絕為難。女子說，她是奉化州判的女兒，姓符，名叫漱芳，字麗卿。家人已經去世，留下她孤獨一人，只有丫鬟金蓮相伴。兩人同傷身世，當天就成了未過門的夫妻。

從此符麗卿白日去，夜裡來，這樣子過了半個月。隔壁的老翁覺得很奇怪：喬生明明是獨自居住，為什麼每天都有女人的聲音？晚上他挖了小洞偷看，發現

—「牡丹燈籠」的女鬼阿露，為愛而死，卻仍逃不了愛情的枷鎖。歌川小國政「怪異談牡丹燈籠」。

喬生竟然和兩具骷髏，一起坐在燈火下！老人知道他碰見鬼了，第二天趕忙勸他：「人鬼陰陽永隔，你可不要接近那邪穢之物！」

喬生寒毛直豎，跑到符麗卿所住的湖西探消息，大家卻都說沒看過這兩個人。他找累了，到湖心寺歇歇腳，卻發現廟裡有一具棺木，上面貼著「故奉化符州判女麗卿之柩」，旁邊還有一個紙糊人偶，上面寫著「金蓮」。

他嚇得魂不附體，找了一位魏法師來貼符消災，麗卿便再也不來了。一段時間平安無事，某天喬生卻喝醉酒，誤闖了湖心寺，馬上被麗卿抓住，簇擁進棺材裡，不一會兒就死了。從此之後，只要在那「雲陰之晝、月黑之宵」，居民往往會見到喬生和麗卿親密地牽手而行，而且看到的人，無不大病一場，有些還一命嗚呼。

居民十分恐慌，便去請教魏法師，翻山越嶺去找來鐵冠道人驅妖。道人設壇作法，央請金甲神將抓來喬生、麗卿和金蓮。三人哀告求饒，道人斥責他們：「天陰雨濕之夜、月落參橫之辰」（這兩句話，據說正是《雨月物語》命名之由來），就躲到民宅的屋樑發出怪聲、偷偷窺視人家的私事，種種惡事不能饒恕，就此打入十八層地獄，永世不得超生。金甲神將接過判詞，把三個鬼魂揪走，遠遠都還聽得到他們的哭聲。

眾人回過神來，鐵冠道人卻杳如黃鶴，遍尋數月都找不著。人們回到明州去感謝魏法師，他卻已經病得說不出話了。

【淺井了意版本】

這個版本的故事大綱比較接近《剪燈新話》。只是時間設定在室町幕府的天文年間（1532~1555），事件發生於日本中元節，故事地點在京都，男主角的名字叫萩原新之丞，住在五條大路上。

【三遊亭圓朝版本】

江戶時期，有位旗本的千金，名叫阿露，長得明眸皓齒、嫋嫋婷婷，因為體弱

山東京傳《浮牡丹全傳》的插繪。

多病，住在柳島別莊休養。

某天，阿露的醫生山本志丈，帶了浪人萩原新三郎同來探望，阿露對新三郎一見鍾情，念念不忘，於是一病不起，而女僕阿米眼看小姐藥石罔效，也跟著殉主。新三郎聽說阿露去世的消息，心中非常惋惜，每天幫她念經超渡。

那一年的中元節，新三郎聽到街道上遠遠地傳來木屐「喀拉、叩囉……」的聲音，他定睛一看，發現竟然是穿著振袖和服的阿露，和她的女僕提著牡丹燈籠走來！

她們都說之前的死訊是誤傳，她們還好端端的活著呢！新三郎重獲佳人，又驚又喜，兩人傾訴別來離情，難捨難分，

墳墓的燈籠。《伽婢子》的插繪。

此後阿露和阿米，每到晚上就來到新三郎家裡，就這麼過了七天。

自從阿露出現以後，鄰居伴藏每天都聽到新三郎家，傳來鶯鶯燕燕的聲音，覺

三遊亭圓朝《怪談牡丹燈籠》，明治十七年版的速記本表紙。

得很好奇，便偷偷在外窺視，卻看見新三郎抱著一具粉骷髏，身上還穿著振袖和服……

伴藏嚇得魂飛魄散，第二天趕忙警告新三郎，新三郎也驚得全身冷汗，急忙跑到寺廟去求助。廟裡的和尚聽說原委，給了如來護符和驅鬼符咒，囑咐新三郎貼在房屋上，這樣鬼怪就無法侵犯了。

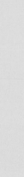

新三郎膽戰心驚的在家中等待，到了夜裡，街上再度傳來「喀拉、叩囉」的聲音，阿露和阿米在門外不斷徘徊，尋找進到屋裡的辦法，卻總是無法如願。阿露忍不住悲傷的嘆息：「新三郎，為什麼要這麼做呢？……」

不死心的阿露，給了伴藏一百銀兩，懇求他拿走符咒和護符。伴藏雖然明知她們是女鬼，但是有錢好辦事，便背叛了新三郎。第二天早上，和尚到新三郎家中一探究竟，看見符咒都被撕下，便知道大事不妙。打開門之後，只看見新三郎沒了氣息，兩具骸骨倒在地上，旁邊放著早已冷卻的牡丹燈籠……

看了以上這些幽靈，不知道您覺得哪個最恐怖？

令人不無感嘆的想起張愛玲說的：「女人……女人一輩子講的是男人，念的是男人，怨的是男人，永遠永遠。」

這真糟糕。以後若還有幽靈創作，最好避免吧～～

回顧東洋幽靈的塑造手法，一言以蔽之，就像作家傅月庵說的：「東洋幽靈最成功之處，就在心理的掌握與氣氛的營造，不似西洋妖魔動輒出現嘔吐、肉瘤、黏液等噁心作態。」[3] 此言不虛，想起幽靈古畫中，那清瘦鬼影伸長舌頭、張著枯骨雙手、飄動的白壽衣、以及無聲的「我好恨啊～～」，確實比張牙舞爪的怪物，更令人汗流浹背、膽戰心驚。

所以真正的恐怖，應當是執著的怨恨與冤屈，如影隨形吧。

註三：傅月庵（2006）：《天上大風——生涯餓蠹魚筆記》，台北：遠流出版公司。

從井中飛出，數盤子的阿菊怨靈。葛飾北齋繪。

さらやしき
百物語
前北斎筆

妖怪學在東瀛

近代日本妖怪學的最大特色，是從否定、認識、理解到肯定，也是日本對傳統文化根源，一條漫長卻不失喜劇結尾的歷程。

十九世紀，「明治的妖怪博士」——佛教學者井上圓了（1858~1919），點燃了近代日本抨擊迷信的火種，秉持理性客觀的精神，奔走庶民啟蒙的工作，允為明治一代學人。

明治的妖怪博士——井上圓了。

井上生於越後國長岡藩（今新瀉縣三島郡），是佛教真宗派的住持之子。他年輕時就是個俊才，十六歲進修西洋學問，二十歲進入東京帝大文學部哲學科，畢業後致力於著書立說，創立了「哲學堂」（今東洋大學），以此為中心根據，四處巡迴演講、散播哲學思想，有《佛教活論》、《妖怪學講義》、《妖怪百談》等多部作品。

乘著明治年間的改革浪潮，井上北起北海道、南到沖繩調查各地傳說，一八九一年創立了「妖怪研究會」，並發行相關刊物。一八九六年，他出版了八冊《妖怪學講義》，分為：一、總論，二、理學部，三、醫學部，四、哲學部，五、心理學部，六、宗教學部，七、教育學部，八、雜學部。幕府時期人民常用「化物」一詞稱呼妖異，他推動此一理念後，「妖怪」才變成一個常用、且具有學術意涵的語彙。

井上圓了認為，妖怪有「實怪」、「虛怪」，「真怪」、「假怪」等分別，可參見以下圖表：

- 妖怪
  - 虛怪
    - 偽怪（人為的妖怪）
      - 個人的妖怪
      - 社會的妖怪
    - 誤怪（偶然的妖怪）
      - 客觀的妖怪
      - 主觀的妖怪
  - 實怪
    - 假怪（自然的妖怪）
      - 物怪（物理的妖怪）
        - 無機的
          - 天文的
          - 地理的
          - 物理的
          - 化學的
        - 有機的
          - 植物的
          - 動物的
          - 人類的
      - 心怪（心理的妖怪）
        - 變覺
        - 變情
        - 變智
        - 變意
    - 真怪（超理的妖怪）
      - 秘怪
        - 靈怪
        - 神怪
      - 理怪
      - 妙怪

井上雖然否定大多數妖怪，但他不愧是佛教學者，看待超自然現象，不像蛋頭科學家那麼硬梆梆，非得要用測、用量、用抓、用拍的才能確定。他在長篇的論理詰析之後，承認他心中真正的妖怪——「真怪」：

真怪是「無限絕對而不可知」，既然說是「不可知」，就不知道其內部狀態、也不知道存不存在。……我們由理論和實際都可以證明「真怪」之存在，也就是宗教家所謂的「天啓」。更進一步說，我們之所以能接觸體會真怪，並不是因為我們的力量，而是由真怪本身來啓示我們。

如果用開示於「物界」或「心界」來區分：外界的開示是「靈怪」，內界的開示是「神怪」；這些都是不可思議的現象、超越人智的道理，所以稱之為「秘怪」。[1]

——井上的氣度在於「謙虛」，他願意承認世界上有並不瞭解、或無法解釋的現象。豐碩的麥穗總是低頭，若是死守象牙塔，終究只是以井窺天罷了。

一八九一年，井上主動拜訪了《怪談》的作者小泉八雲。一個是振聾發聵的學者，一個是感性想像的作家，兩人的交流是近代日本妖怪學上，一場歷史性的邂逅。

註一：井上圓了（1989）：《妖怪學》，蔡元培譯，台北：渤海堂文化公司。

一明治時代的妖怪卡。

井上圓了與蔡元培（1867~1940）

中國近代教育家——蔡元培。

井上圓了的妖怪考察與破除迷信，對中國五四運動的重要人物、學術界及思想界的領導人、前中央研究院院長蔡元培影響重大。蔡元培曾經高中進士、也曾赴德法留學，學貫古今中西，在清末加入同盟會。一九一七年，他就任北京大學校長，提倡「兼容並包、思想自由」的校園改革，還延請了魯迅、胡適、陳獨秀等先行人物到校教書，對北大的校風有決定性的影響，日後當地成為新文化運動的搖籃，他居功厥偉。

對於中國舊社會的混亂積習、愚民措施，蔡元培作為時代的改革者，想必是痛心疾首，因此他早在一九〇六年，就翻譯了《妖怪學講義》。本來譯出了六冊，但因為遭逢祝融之災，只有第一冊「總論」倖免於難（這對一個苦心戮力的翻譯者，真是錐心之痛），一九二二年時已發行到第八版，是中國早期引進外國哲學思想的代表。因為蔡元培的提倡，井上圓了的思想對民初的除弊革新也有衝擊。

蔡元培在譯序中提到，他從小「常以天下事物，有果者必有因，有象者必有體，無不可以常理推之，無所謂妖怪也。」所以是不相信妖怪的，但是言者諄諄，聽者藐藐，又很難舉出反證駁斥別人，因此看了井上圓了體系分明的論述，便覺得「欽佩崇拜、不可名狀」。

蔡元培自述，後來他在求知過程中，也發現了「真怪」──就是哲學上的「元」、心理學上的「實體」、宗教學上的「天地神佛」……等等。他認為各種思想的真髓就是「真怪」，所以以前「有理而無怪」，現在讀書多矣，才體會了「有怪而無理」的境界，親近真怪越多，越感到心情圓妙活潑。❖這種兼容並蓄、開闊尊重的性格，和他展現在辨學求知的態度上是一貫的。

序文中，他對井上的傾慕溢於言表，他們兩人都是宣揚維新、改革弊端，對時代演進有強烈熱情的行動者，難怪蔡元培會將井上引為知己。雖然現在看來，井上的著作對西洋學術有些橫加移植、牽強附會的缺點，但他倆但求解放民心、啟發民智之情，卻是心意相通的。

不過中國自從漢武帝獨尊儒術，主流思想就是實用經世之學，強調「子不語怪力亂神」，因此井上的想法，對中國的衝擊並沒有信奉神道教的日本大。再者，井上一味強調破除妖怪迷信，忽略民間信仰和文化地位，也容易產生弊病。還好日本頗為幸運，之後就出現柳田國男等人，極力搶救民俗傳統，但是中國和台灣的行動則緩慢許多，因此傳說的流失也更為嚴重。

❖井上圓了（1989）：《妖怪學》，蔡元培譯，台北：渤海堂文化公司。

民俗學巨人——柳田國男。

井上圓了之後，二十世紀初期的柳田國男（1875~1962）接續了妖怪研究的棒子，對日本的民俗學、妖怪學、文化學、宗教學，開創了劃時代的革命，實為學術界巨人。

柳田國男本姓松岡，出生於兵庫縣神東郡，是家中的第六子。二十一歲時父母相繼去世，二十二歲進入東京帝大法學部政治學科。畢業後因為喜愛農政（這是當時的主流學問），進入農商務省，成為一名技術官僚，二十六歲入嗣柳田家，第二年與柳田家的四女孝結婚。雖然歷任法制局、宮內省、貴族院書記官長，三十九歲就配備官舍，可以說是仕途順遂，但柳田真正的志向在文化調查，三十五歲出版了初期代表作《遠野物語》，三十八歲創刊《鄉土研究》雜誌。

一九一九年，柳田因為常到國內各地研究，他的長官——貴族院議長德川家達頗為不悅，因此柳田主動提出辭呈，退出了公職生涯。這一辭，日本少了一個行禮如儀的高級官僚，卻正式誕生了一位民俗大師。

一九二〇年起，柳田在朝日新聞社供職，更勤加走訪全國各地，一一記錄地域傳奇，一九三〇年退休後，他在自宅開設講座，專心投注民俗學研究。柳田將「妖怪」的研究，視為瞭解日本社會心理、集體潛意識性格，以及文化傳承與信仰的連結，這是他和井上圓了之間決定性的差異。

當時「民俗學」還不是一個專門學科，柳田的興趣只被稱作是「鄉土研究」。但是他發下豪語：「要為日本民族生活的所有面向，進行根本的研究！」他摒棄了傳統學術只專注貴族武士上層階級的缺點，重視平民的（他稱之為「常民」）、生活的、社會的、實際的、比較的研究態度，將庶民推上學術舞台，是一位承先啟後的知識家。

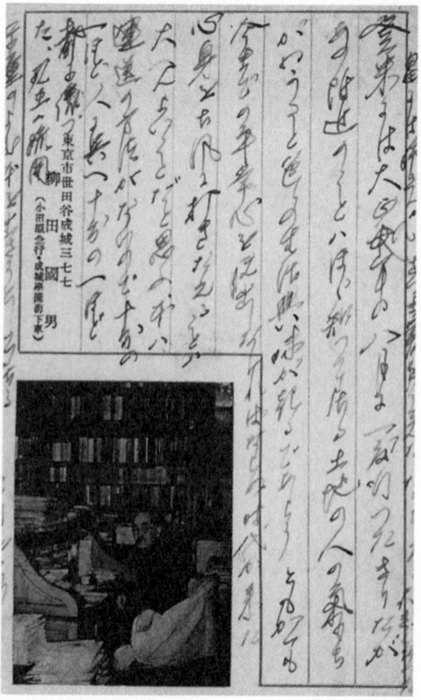

柳田國男信函，昭和二十年七月二十五日。

柳田常與文人交遊，《遠野物語》文采斐華、詩意盎然

昭和年間，東京都世田谷區成城的柳田自宅、喜讀書屋。

，被譽為「日本民俗學的紀念碑」。他晚期集大成的著作《妖怪談義》（1936）記載的許多妖怪——天狗、河童、山姥、小豆洗等，紛紛成為日本人最熟悉的怪物。也讓「妖怪」成為民俗學專用術語，在妖怪學、文化人類學、和民俗學歷史上奠定了先鋒地位。

二次大戰後，日本戰敗，人心凋蔽，柳田建議文部省（教育部）在國小、國中、高中、大學增設「社會科」，從此民俗學進入國民教育體系，不但發揚傳統文化及常民精髓，也使鄉土情操深入了廣大民間。

經過現代化及都市化強大的摧枯拉朽，柳田的基礎調查，挽救了許多急速消失的風俗習慣與文化信仰，以深入瞭解、進而肯定的方式，確立了傳統社會的價值形構、研析恐懼信仰的幽微心理，並珍惜常民的無形智慧財。

他對幽冥世界的研究，是在世態動盪、人心不安的時刻，為庶民開啟另一扇出口，也為被排擠、壓抑的「他者」，尋求外在的解脫。異端的妖怪反而有安定社會、平穩人心的效果，這恐怕是將它斥為「鄉野無稽」的中國腐儒，跌落一地牙齒，也撿不完之事。

柳田國男、伊能嘉矩和台灣

伊能嘉矩（1867~1925）是日治時期台灣研究的巨擘。他和柳田國男有什麼關係？而柳田畢生致力研究日本鄉土，又為什麼會和台灣有關呢？

原來伊能出生於日本的遠野町（今岩手縣遠野市），這是個二〇〇五年僅有二萬五千人的小都市；也是柳田國男書寫田園之歌、描繪河童和妖怪物語的舞台，他因此奠定了學術地位，這是兩人緣分的開端。

伊能嘉矩對台灣研究最知名的貢獻，是依照科學原則，為台灣原住民分類；並首先開創了台灣平埔族之分類方式。他作田野調查有所謂的「三原則」，毅力驚人，對於保存、整理、分析資料一絲不苟、毫不懈怠。

一八九五~一九〇六年，伊能先後任職於台灣總督府民政局、台灣慣習研究會等，並創辦「台灣人類學會」，多次出入瘴厲險峻的山地，發表了《台灣蕃人事情》、《台灣蕃政志》等十多本著作。

至於柳田，則是一九一七年曾經因公出差到台灣，當時寄給親友的明信片，家族都還珍藏保留著。

為了侍親，伊能嘉矩在一九〇六年回到故鄉，他一面整理著述台灣的研究，也不放棄關注遠野的鄉土歷史、民俗習慣，還組織了「遠野史談會」、出版《遠野史叢》等等，成

霧社全景，一九一七年四月一日，柳田國男寄自台灣。

為回鄉之後重要的歷史工作，這也讓他們之間有了更多聯繫。

過去，伊能號稱是「無名的巨人」，雖然比柳田大八歲，在日本的名氣卻沒有晚輩大，然而他卻是柳田國男敬慕的「理想的鄉土史家」（後藤總一郎之語）。

伊能逝世後，在大慈寺舉辦的追悼會，柳田曾經前往演講。而伊能身後的重要著作、日治時期台灣史的顛峰之作《台灣文化志》，也在柳田國男、坂澤武雄的努力奔走下，讓皇皇巨著得以面世。

柳田、伊能和台灣，雖然是藉由這千絲萬縷的緣之細線牽繫起來的，卻是隱約而深遠，且綿綿透露著不可分割的尊敬與感激呢。

異國怪談人——小泉八雲。

最後在明治時期，還有一個必須一提的妖怪大恩人——小泉八雲。

他本名Lafcadio Hearn（1850~1904），父親為愛爾蘭人，母親為希臘人，原籍希臘，後來才歸化日本，從妻子的姓氏，取名為小泉八雲。

小泉八雲被稱為「現代日本怪談的鼻祖」，精通至少八國語言，學識廣博、文筆流利，擔任過教師、新聞記者、隨筆家、散文家、小說家、批評家、翻譯家、民俗學家，和英國文學學者。

五歲那年，父母離婚，他被富裕的姑媽收養。因為管教較為嚴厲，又沒有雙親陪伴，他自述童年沒有安全感、容易胡思亂想，因此對妖魔鬼怪也更加敏感，影響了後來的創作。

由於少年頑皮，十六歲時左眼不小心因傷失明（所以後來小泉拍照，總是很少雙眼正對相機）。禍不單行，不久姑媽破產，十九歲那年他懷抱著美國夢，遠渡重洋另起爐灶，在新大陸度過了二十一年，經歷了許多波折。

一八九〇年，小泉為了寫作取材來到日本，人生再度出現轉折，但這次是轉向幸運的一邊。受到神秘的東方吸引，他留下來定居，娶妻生子，結束了前半生的漂泊。小泉先在松江市和熊本市任教，一八九六年被引介到東京帝國大學，教授西洋文學。這一教就是七年，並且相當受學生歡迎，用現在的話來說就是「極道鮮師」，直到後來由日本文豪──夏目漱石接替為止。但是因為學生太喜歡小泉，還在夏目漱石課堂上大吵大鬧，引發了文豪的神經衰弱，這是後話。

雪女的美貌妖豔和翻臉無情，是深具代表性的日本妖怪。「化物繪卷」。

充滿奇想與怪異的妖怪圖。歌川國芳繪。

小泉之所以從事日本怪談創作，是先從妻子及耆老口中聽到許多傳說，豐富了作家的想像，加以文學的潤飾，寫成了《怪談》（1904）、《靈的日本》（1899）等書籍。他的文筆潤澤婉轉，取材引人入勝，由於少見外國人寫這種題材，更引起了不少注目和興趣。其中「無耳芳一」、「轆轤首」、「雪女」……都是膾炙人口的篇章，直到現在仍年年改編，在台灣也有許多譯本，是台灣讀者最為熟悉的日本怪談作家。

小泉在日本十四年，出版了十一本創作，是他的寫作歷程中，量多質精的豐收期。但是他沒有正規學歷、又不是基督徒，在帝大的薪資卻比同事高，還被視為是一個耽溺日本鬼怪幻想的人，因此慘遭同事排擠。一九〇三年，鬱鬱寡歡的小泉離開東大，一九〇四年他任教於早稻田大學，九月因為狹心症在家中去世。

這個寂寞的外國人，生前未能被看作真正的日本人；死後卻因為他對日本文化的理解與引介，獲得越來越多感謝與評價，或許也可以含笑九泉了——只恨他去世得早，我們看不到更多氤氳哀豔的精彩故事啊！

永遠的鬼太郎

和大多數八、九年級生一樣，我和日本妖怪的第一類接觸，都是從動漫電玩開始。

古早古早有種叫做「任天堂」的機器（那是什麼年代啊），發售過名叫「鬼太郎・妖怪道中記」的遊戲，或許很少人知道或記得，但那可是我的救命恩公。

因為反射神經不靈敏，打電玩一向每打必敗，少數稱雄的只有這款遊戲，這攸關著小孩子的自尊心。為什麼會獨獨鍾情於它？就是因為喜歡妖怪，才肯拋擲時間、苦練密技，就為了能邂逅下一處鬼物。

當破關紀錄消逝在真空管裡，主機卡匣也蒙塵丟棄，只剩下身旁的鬼太郎玩具，帶著銳利的雙眼和淺淺的微笑，像是輝煌的獎盃，慶祝童年的歡愉。

二〇〇五年日本愛知博覽會的水木茂專賣店「ゲゲゲ之森」。（葉怡君／攝）

鬼太郎之父：水木茂（1922~）

日本「妖怪通人」水木茂，被譽為「戰後妖怪復興的第一人」。二十世紀以後日本兒童對妖怪形象的最初認識，許多可說是來自於他，在日本動漫畫工業的波濤中，他是引領妖怪浪潮的先鋒。

水木茂本名武良茂，一九二二年生於鳥取縣境港市，十六歲前一直住在此地。由於家鄉的河川自古就有河童、小豆洗棲息的傳說，親友間也流傳著妖婆、狐狸的故事，從小就對鬼怪狐奇深感興趣。而他的美術才能更是早慧，十二歲便舉辦第一次個展，之後更畢業於名校武藏野美術大學。

第二次世界大戰，水木被派赴東南亞，在印尼戰場失去了左手，但對繪畫的熱情始終不輟。戰後，他搬到了神戶水木通的一間宿舍「水木莊」，因為認識了一位「紙芝居」（一種流動說講圖畫劇場）的繪師，開始接觸這種類似漫畫的創作形式，此後七年，他也以紙芝居畫師為業。

戰後復員時期，水木茂也曾經落魄過，當他看到江戶浮世繪畫師鳥山石燕的妖怪圖卷，覺得「很有真實感」、「就算有一半的名字不認識，也知道那是什麼」，彷彿天生與妖怪有默契。他的漫畫處女作《火箭人》遲至三十五歲才出版，三十七歲時，「ゲゲゲの鬼太郎」第一部故事《墓場鬼太郎》正式發表，成為家喻戶曉的代表作。一九六五年，作品《電視君》獲得講談社大獎。一九六八年，電視播映的鬼太郎卡通大為轟動，日本出現了妖怪動畫之熱潮，也是史上壽命最長的妖怪卡通。

水木茂對民俗誌、地方學、神話、傳說極感興趣，走遍日本各地蒐集、寫作、繪畫，除了漫畫《鬼太郎》系列，還有《惡魔君千年王國》、《河童三平》等；並出版多本作品：《水木茂妖怪大百科》、《水木茂妖怪畫談》、《世界妖怪遺產》等。其中講談社出版的《圖說日本妖怪大全》，收錄了他畫的四百二十五種妖怪。水木茂對推廣妖怪更不遺餘力，一九九七年與名作家京極夏彥、荒俣宏創辦季刊《怪》；

之後又催生《達文西》增刊號——《幽》專門誌，收錄怪談文學創作。他還發起「世界妖怪協會」，立誓蒐集世界一千種妖怪，此一願望在他八十大壽前已經達成。

二〇〇三年，水木出版八大冊紀念畫集《妖鬼化》，是妖怪收藏家眼中的珍品；二〇〇五年，與村上健司合編《日本妖怪大事典》。雖然年過八旬，還在電影「妖怪大戰爭」，化身妖界頂端的千年長老「妖怪大翁」，對日本人而言，他是繼承了鳥山石燕、河鍋曉齋地位的妖怪大師。

水木茂的妖怪漫畫，最大的特色是並非完全空想，反而常由古書記事與風俗傳說轉化為新創作，不但許多都有原始資料出處，有些更是古繪卷的翻新重釋。他將民俗學融入現代漫畫，雖然對架空幻想的成就有限，對恐懼與人性的描繪也不如後輩楳圖一雄、伊藤潤二，但是串連傳說與現實，強化日本文化傳統之根源，將古代妖異重新注入生命，個人認為這是水木的最大貢獻，他的揭竿而起，激發了後輩更寬廣的想像。

雖然水木謙虛的說：「我是因為妖怪才能獲得溫飽。」但是他對妖界的熱情活力讓人驚奇，也激勵無數後輩，在魑魅魍魎中發揮更多想像力。今日走訪他的故鄉境港市，已是鬼太郎觀光市鎮，由少年水木茂行過的街道，可以看出家鄉父老對這位子弟的讚譽——從電話亭、電線桿到水溝蓋，都棲息著人類鑄造的鬼魔妖異，夏天還會舉辦固定的「妖怪節」！水木「戰後妖怪大師」的名號，確實無人能纓其鋒！

妖怪舍鬼太郎&鬼太郎之家（愛知博覽會復刻）

妖怪舍和水木茂合作了許多鬼太郎產品，這套「愛知博覽會復刻板」是在一百多隻發售過的鬼太郎魔玩中，挑出最受歡迎、銷售量最高的十二種，重新製作復刻版，並搭配量身訂作的木頭妖怪屋，在二〇〇五年愛知博覽會的「水木茂ゲゲゲ之森」限量販售。當時把這一大套魔玩從人潮洶湧的博覽會，千里迢迢扛回台灣，還真是吃了不少苦，不過看到它們最終平安落腳家中，確實很有成就感！

吹笛的鬼太郎

鼠男、雨傘怪

企畫發行：妖怪舍
原畫設計：水木茂
種類：12種
尺寸：高約3~6公分

烏鴉與眼珠爸爸

墓場鬼太郎

一反木棉

貓女

塗壁怪

水木先生

碗中泡湯的眼珠爸爸

打棒球的鬼太郎

墓場的眼珠爸

眼珠爸爸木屐

鬼太郎之家背面

鬼太郎之家正面

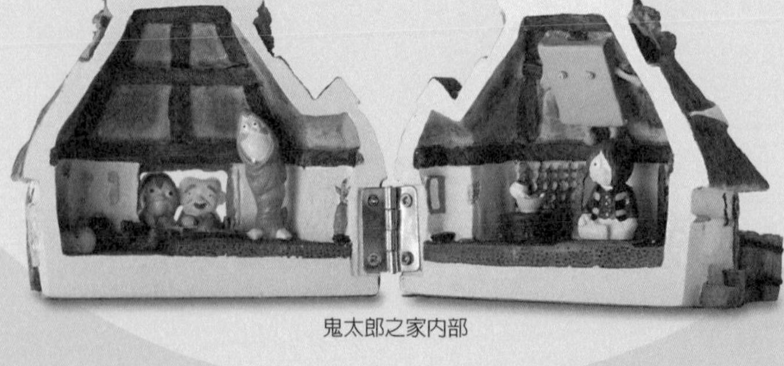

鬼太郎之家内部

鬼太郎本事

【鬼太郎】

鬼太郎是妖怪父親與幽靈母親生下的孩子。妖怪父親曾經述說過這一族的由來：「遠從沒有人類的時代，我們就住在地球上了，一直過著悠遊自在的生活……但自從不知哪裡冒出一群形狀與我們類似的人類之後，他們就像老鼠一樣在地球上繁殖開來……。」

於是這個種族便移居到洞穴中，且面臨絕種的危機，他們已經是最後一對夫婦了。鬼太郎是幽靈母親去世後，從墳場中出生的孩子。起初由人類撫養長大，後來與眼珠爸爸一起流浪，解決妖界與人界的紛爭，雖然貧窮但是風骨耿介，不為己有、一介不取，是妖界的大俠。

【眼珠爸爸】

是滿溢父愛的妖怪；鬼太郎的父親去世後，因為不放心獨留在世間的兒子，因此脫離了肉體而復活，不但不辭辛勞的守護陪伴孩子，並時時教導鬼太郎妖界的知識以及抗敵的建議。這樣的眼珠爸爸，最放鬆可愛的時刻，便是搭著毛巾，在小碗中泡湯的悠閒時光。

【鼠男】

好誇大口、貪財吝嗇，是鬼太郎的朋友，卻常常見利忘義、轉投敵營，但也總在最後關頭協助鬼太郎，是個亦正亦邪、令人又愛又恨的角色。

【貓女】

或許是因為貓的神秘氣質，日本從以前就有許多貓妖傳說，貓女是承襲著這些民間故事，在陽剛的鬼太郎系列中的柔性角色。但可別誤會她像小貓一樣柔順可人，一旦憤怒或是看見老鼠或魚時，就會變成滿嘴尖牙、翻臉不認人的凶猛怪獸，因此也是鼠男的剋星。

【木棉怪】

是民間故事的「一反木棉」，平日沒有強烈的脾氣或個性，話也很少，但卻是鬼太郎忠實的朋友，總是在他有難的時候挺身而出、鼎力相助，是有如《西遊記》的沙悟淨一般，沉默而不可或缺的存在。

Choco Q 限定鬼太郎妖怪巴士

水木茂繪畫鬼物和妖怪，其實也是在陳述自己的宇宙觀、宗教觀與世界觀。他筆下的鬼太郎身材短小、形象醜陋，甚至只有一隻眼睛；不像現在的靈異奇幻漫畫男主角，哪個不是英氣逼人、灼灼發光？但是別看鬼太郎其貌不揚，水木是將英雄的理想，投注在這位令人恐懼的男主角身上，他敘述創作的源由是：「鬼太郎具有人類所沒有的力量……他冒死作戰，打敗敵人，幫助弱小，不求報酬，鬼太郎始終是站在正義的一方。」這正是水木對現實社會正義之士的期望。

每次鬼太郎剷奸除惡，為世界解決了事端，結尾畫面總是一陣冷冷的「ゲゲゲ……」笑聲（請用幽靈式配音），並如風般瀟灑的離去。他那矮小的背影，瞬間便如宮本武藏般巨大，承襲了俠義小說的典型，只是場景、劍術轉變為妖界與超能力了吧。

企畫發行：Choco Q
原畫設計：水木茂
種類：全 5 種、限定販賣 3000 體
尺寸：高約 4 公分

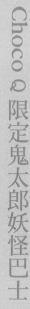

眼珠爸爸巴士

貓女巴士

鬼太郎巴士

木棉怪巴士

鼠男巴士

熄燈：從京都到府城

一個無星也無月的黑夜，我站在京都鴨川橋上，凝望一步之遙的潺潺流水，上游是發源自洛北山谷的貴船川，川畔佇立千年歷史的貴船神社，祭祀呼風喚雨的水神。都說水性為陰，濕氣深重的河川湖泊，常是幽魂聚集之處。眼前的溪水並無螢火點點，也看不到半個幽魂。（幸好！）卻想起夏季的盂蘭盆祭，一盞盞放流的慰靈水燈，點亮生者亡者的心願，隨著閃爍的河光，平穩而沉默的向海流去，或者，靜靜的沉入河流心中。

靈魂畢竟有許多藏諸衷情、無法訴說的言詞啊！

無聲的水燈，每一盞都是一個小小吶喊、祈禱與安慰，隨著流金歲月逝去。

京都的老遊人都說，京都最適合的遊覽方式是步行，雖然常常走累了就跳上車去，隨便載到哪裡都好——反正到處都有可看之處。我的京都散步，除了瀏覽竹籬、茅舍、小橋、街道、土壁、居民……還有就是妖怪。試想，獨行暗夜小巷，發現影子似乎有

金閣寺，京都純淨與妖豔之美的象徵。（葉怡君／攝）

「人」跟著，確實聽見了「喀拉、叩囉……」的聲音，轉過頭卻什麼也不見。如果是在別的國家、別的地點，這時我大約都要登門求救、狂奔而逃、或是念佛饒命了。

但是在京都，偏偏並不。偏偏就是要讓它跟著慢慢走。

因為這些鬼物，通通都活在千百年之前，雖然在同一空間，但明明佔據不一樣的時間，就算在昏暗燈光下對視微笑——那又怎麼樣呢？這也就是為什麼，聽說某位台灣旅客到了姬路城，竟然在阿菊之井邊，遇見了數盤子的阿菊！我會傻傻的相信這話，因為那是江戶時期的幽靈啊！阿菊悲苦的執念，數百年未能消失，但京都怨靈不是應該去找千年之前的仇人宿敵；而非二十一世紀的平成年間，從另一個海島上來的我嗎？

最近重讀《聊齋誌異》，發現其中最喜愛的那篇故事，居然沒有狐仙、花妖或幽靈，只有活生生的人而已，其實那才是蒲松齡書寫的主題，變身的狐狸都是煙幕彈。那篇小說叫「仇大娘」，是關於小人魏名一再謀害他所嫉妒、厭惡的仇姓家族的故事——兩家因有小小結怨，魏名就造謠破壞仇母的名譽、拐帶仇家兄長賭光家產、陷害仇家幼弟充軍關外、誣陷仇家長姊侵吞田地、最後還燒了他家的宅院……仇家流離失所、家破人毀，卻又一次次因禍得福，奇蹟似的洗刷冤屈。

裡面的關鍵人物，除了笑裡藏刀、背後捅人的魏名，就是既不狐又非妖的仇大娘了。大娘本是老父仇仲與前妻的女兒，性格剛猛，時常和父母鬥嘴，又是嫁出去潑出去的水，已經像是一個外人。仇家最落魄的時候，魏名把大娘找來，本來想挑唆她爭產，打算看一場好戲——但是故事最好看是在柳暗花明、百折千迴，情節在絕望處有了轉圜——魏名沒想到，大娘回到家後，「見幼弟侍病母，景象慘淡，不覺愴惻」，聽說了家人被害的原委，更是「忿氣塞喉」、大罵「家無成人，遂任人蹂躪至此！」她安慰母弟，周旋歹徒，到官府慷慨陳詞；豪強來侮，就抓了刀上門理論；還把兒子趕回夫家，以免被誤會覬覦財產，十足母獅母蠍的護家悍氣。

每一次仇家的境遇好轉，就又被魏名推入地獄；每一次大娘也都穩定大局，儼然是中流砥柱。經過許多挫折與磨難，終於走到了大團圓結局，大娘應該可以端坐上位，享受苦盡甘來的果實，但是她並不居功，反而道別：「我苦爭者，非自利耳！今弟悔過，貞婦復還，請以簿籍交納，我以一身來，仍以一身去耳！」大娘多次堅辭，家人哭懇，才留下來。奸惡的魏名在機關算盡後，只收穫

「仇大娘」，出自《聊齋誌異圖錄》。

了自己的狼狽，晚年還得靠仇家接濟。

以前她與父母的衝突，乍看來自禮物爭執，但對照後來的輕財仗義，足證她在意的其實是男女的差別待遇。她的頂撞與反抗，展示了女子在社會規範下，不馴化的一面；也因為強硬的個性，遇到危難才能一肩扛起。如果沒有這樣奇情俠義的女子，傳奇只是黯淡發灰的魚眼，不會是燦爛生光的寶玉。大娘不是武功高強的俠女，不會飛簷走壁；也不是擅於施法的花妖，能夠惑人心智；但是她的能力與智慧，光輝更勝兩者。

蒲松齡透過筆下一個個鬼狐仙靈，召喚古今中外對「俠」的理想──施恩拒報、受恩必酬、扶危濟困、捨己利人、重情重義、患難與共……。這個作者一生揣著顆知識分子的腦袋，在下階層社會打滾，直到七十一歲，才援例得了小小的貢生。雖然才高氣直，然而世情乖違，所以才安排了這許多鬼怪狐女，代替人類實踐理想吧。蒲松齡不畏流俗，成就了偉大的妖異文學，反觀時人的榮華旌表，早被光陰掏洗一空。他活過了時代的限制，那才叫永生不死。

在京都捧著《聊齋》漫讀，一遍遍的想念，最牽記的還是故鄉府城。

京都的幽魂，縱使相逢應不識；但是台南的鬼物，應當我會認得。

傳說含冤而死的林投姐，常去我最愛的老牌包子店，她購買的那些又香又熱的包子，應當都是帶回去給墓裡的孩子吧？小時候，我總是忍住了沒問，那些傳說中變成冥紙的鈔票，到了當家的這一代，究竟有沒有留下一張半張？

還有安平古堡戰敗徘徊的荷蘭士兵、五妃廟幽深竹林裡的女幽靈、老學校禮堂中泣血的國父遺像、舊台南監獄伏法的作祟大哥、以及曾經是刑場的民生綠園圓環中，那些含冤被斃的二二八幽魂……都是我最熟悉的，它們會認得我這個子弟。

無論是生靈或死魂，終究要奔赴最想念的地方。

但我最希望的，還是世間莫有滿腹委屈、含冤莫白的幽靈；莫要被不可解的執念束縛；莫要再一代代發生類似的慘劇。寧可是自由自在的妖怪鬼神，同在這個無邊無涯的天地間，長存久安、喜樂自在。

白晝過去，替輪黑夜，無止無息。

我童年時打開衣櫥，想要尋找的夢樂園，或許就是故鄉，是奇想的搖籃，也是夢魂的歸處。

【圖作出處】

河鍋曉齋紀念美術館 14，19，23，40，60，96，118～119／國立民族學博物館 25／國立歷史民俗博物館 33／名古屋電視台 34／安城市歷史博物館 37，51，137，141／東京都立中央圖書館 39／國際日本文化研究中心 53，83／國立國會圖書館 54，93／群馬縣立歷史博物館 55，57／京都國立博物館 61／靜嘉堂文庫美術館 67／Nakagawo Photo Gallery 69／京都市立藝術大學 70／山多利美術館 73／福富太郎收藏館 74～75，144／千葉縣船橋市西圖書館 95／川崎市民博物館 129，171／早稻田大學圖書館 132／神戶市立博物館 133，134，148／北九州市立美術館 147

【參考書目】

・少年社等編（1999）：《妖怪の本》，日本：學習研究社。
・少年社等編（1999）：《幽靈の本》，日本：學習研究社。
・高橋洋二等編（1998）：《別冊太陽：幽靈の正體》，日本：平凡社。
・高橋洋二等編（1987）：《別冊太陽：日本の妖怪》，日本：平凡社。
・小松和彥（2003）：《日本妖怪學大全》，日本：小學館。
・人文社編輯部（2005）：《江戶諸國百物語・東日本編》，日本：人文社。
・人文社編輯部（2005）：《江戶諸國百物語・西日本編》，日本：人文社。
・三浦裕子（2004）：《面からたどる能楽百一番》，日本：淡交社。
・水木しげる（1994）：《圖說日本妖怪大全》，日本：講談社。
・水木しげる（2004）：《鬼太郎と行く日本ぐるぅり妖怪めぐり》，日本：小學館。
・水木しげる（2005）：《水木しげるの『妖怪』人生繪卷》，日本：昭日新聞社。
・「妖怪大戰爭」全日本妖怪推進委員會（2005）：《日本妖怪大圖鑑》，日本：角川書店。
・白幡洋三郎（2004）：《幕末維新彩色の京都》，日本：京都新聞出版中心。
・田中正明編（2005）：《柳田國男の繪葉書》，日本：晶文社。
・舟橋聖一（1973）：《源氏物語繪卷五十四帖》，日本：平凡社。
・宮本幸枝（2005）：《『お化け』生息マップ》，日本：技術評論社。
・悳俊彥編（2001）：《芳年妖怪百景》，日本：圖書刊行會。
・市川寛明（2006）：《江戶時代小說はやわかり—江戶の暮らしがよく分かる》，日本：人文社。
・京極夏彥、多田克己編（1998）：《曉齋妖怪百景》，日本：圖書刊行會。
・柳田國男（1977）：《妖怪談義》，日本：講談社。
・柳田國男（2004）：《遠野物語・付遠野物語拾遺》，日本：角川書店。
・ポーラ文化研究所編（2004）：《幕末維新、明治大正美人帖》

，日本：新人物往來社。
•笹間良彥（2005）：《鬼とものの けの文化史》，日本：遊子館。
•新井邦弘等編（2004）：《圖說源平合戰人物傳》，日本：學習研究社。
•秋山虔、小町谷照彥編（1997）：《源氏物語圖典》，日本：小學館。
•多田克己、村上健司（2002）：《不思議の旅GUIDE》，日本：人類文化社。
•村上健司（2002）：《妖怪WALKER》，日本：角川書店。
•岡野玲子（1999~2005）：《陰陽師》第1～13集，日本：白泉社。
•鳥山石燕（2005）：《鳥山石燕畫圖百鬼夜行全畫集》，日本：角川文庫。
•香川雅信（2005）：《江戸の妖怪革命》，日本：河出書房新社。
•高橋洋二、高橋進、山本幸史編（1978）：《別冊太陽：能》，日本：平凡社。
•湯本豪一（2005）：《日本幻獸圖說》，日本：河出書房新社。
•湯本豪一（2005）：《百鬼夜行繪卷》，日本：小學館。
•小泉八雲（2004）：《幽靈怪談》，葉美惠譯，台北：晨星出版。
•小泉八雲（2004）：《怪談・奇談》，葉美惠譯，台北：晨星出版。
•水木茂（1993）：《少年英雄鬼太郎》第1～7集，洪俞君譯，台北：聯經出版。
•川合章子（2002）：《漫畫陰陽師與陰陽道》，台北：台灣先智出版社。
•北京日本學研究中心（2005）：《日本古典文學大辭典》，中國北京：人民文學出版社。
•汪公紀（1982~1991）：《日本史話——上古、中古、近古、近代篇》，台北：聯經出版社。
•林水福（2005）：《日本文學導遊》，台北：聯合文學出版社。
•宋欣穎等（2005）：《2005陰陽師千年特集》，台北：繆思出版。
•馬昌儀（2000）：《古本山海經圖說》，中國濟南：山東畫報出版社。
•許琅光（2000）：《家元——日本的真髓》，台北：南天書局。
•周作人譯（2000）：《平家物語》，中國北京：對外翻譯出版公司。
•誠品書店編（2005）：《百鬼夜行特集》，出自《誠品好讀》第57期，頁38～77，台北：誠品書店。
•誠品書店編（2003）：《妖怪圖考》，出自《誠品好讀》第35期，頁28～47，台北：誠品書店。
•蒲松齡（2002）：《聊齋誌異圖詠上冊、下冊》，中國濟南：山東畫報出版社。
•蒲慕州編（2005）：《鬼魅神魔——中國通俗文化》，台北：麥田出版。
•楊永良（1999）：《日本文化史》，台北：語橋文化。
•謝鵬雄（2006）：《日本物語》，台北：台灣商務印書館。
•櫻井青（2005）：《千年京都——陰陽師與平安朝之旅》，台北：西遊記文化。

國家圖書館出版品預行編目資料

妖怪玩物誌／葉怡君著 . – 二版 . – 臺北市：
遠流，2012 .07
面； 公分
ISBN 978-957-32-7000-3（平裝）
1. 妖怪　2. 日本
298.6　　101010631

妖怪玩物誌

作者——葉怡君
主編——曾淑正
美術設計—— Zero
模型攝影——陳輝明・徐志初

發行人——王榮文
出版發行——遠流出版事業股份有限公司
地址——台北市南昌路二段 81 號 6 樓
電話—— (02)23926899　傳真—— (02)23926658
劃撥帳號—— 0189456-1

著作權顧問——蕭雄淋律師
法律顧問——董安丹律師

2012 年 7 月 1 日 二版一刷
行政院新聞局局版台業字第 1295 號
售價——新台幣 300 元

ISBN 978-957-32-7000-3

YLib 遠流博識網 http://www.ylib.com
E-mail: ylib@ylib.com